渥美公秀
Tomohide Atsumi

災害ボランティア

新しい社会への
グループ・ダイナミックス

弘文堂

まえがき

本書は、一九九五年に西宮市で阪神・淡路大震災に遭遇して以来、災害ボランティア活動の現場で考え続けてきたことをまとめたものである。執筆のきっかけは、二〇一一年に発生し、後に東日本大震災と呼ばれるようになった災害だった。災害ボランティアは、阪神・淡路大震災以降、日本社会に定着してきたはずだった。ところが、東日本大震災では、災害ボランティアの初動が遅れた。災害ボランティア活動に参加しようとする声を遮るように醸し出された自粛ムードが、その原因だった。東北の被災地では、多くの人々が苦しみ、深い悲しみの中で救援を求めていた。その同じ時に、まだ救援に行くべきではないとの流れが形成されていくなど、予想だにしなかった私にとっては、不可思議な情景だった。何かがおかしい。なぜ、こんなことが起こってしまったのだろうか？　その原因を突きとめたい。何とかして、災害ボランティアを巡る諸問題を解消し、災害ボランティアが、被災者の傍《そば》にいて、被災者に寄り添う姿を取り戻したい。そして、その先に、災害ボランティアが拓く新しい社会を構想し、そこに向かって確かな一歩を進めたい。

本書には、そんな切実な想いが込められている。

本書は、七つの章で構成されている。まず、第一章では、東日本大震災に際し、私自身がどのように実践と研究を進めてきたかということを、赤裸々に綴っている。大災害が発生した時に、災害ボランティアや災害ＮＰＯがどのように活動を展開するかという一例を、できるだけ臨場感をもって伝えようとした。

第二章では、災害ボランティアについて研究して行く際の理論的な枠組みを紹介している。私が専門とするグループ・ダイナミックスの考え方をできるだけ平易に述べるとともに、災害現場で直面する話題を採り上げて、この研究枠組みに立つからこそ見えてくる事柄について議論した。

第三章は、阪神・淡路大震災以来、約二〇年にわたる災害ボランティアの動向について、現代社会の動静を踏まえて記述している。阪神・淡路大震災の時に、なぜ多くの人々が災害ボランティア活動に参加したのか。東日本大震災の時に、どうして初動が遅れたのか。こうした問いに取り組み、実践的な観点を交えながらも、理論的に把握しようと試みた。

第四章から第六章は、災害救援、復興支援、地域防災といった場面を対象に、災害ボランティアを巡る話題を考察している。各場面に特有の災害ボランティアについて、様々な論点を提示した。

こうした議論を踏まえて、第七章では、災害ボランティアが拓く新しい社会について、構想し、そこへと至る道筋を提示している。その際、東日本大震災を経てようやく見えてきた活動の連鎖である「被災地のリレー」を紹介し、その理論的意義を検討した上で、連鎖の拡散と深化について実践的な提案を示し、新しい社会へと希望をつなげている。

本書は、災害ボランティア活動について考えたいと思っている人、災害ボランティア活動に行くかどうか考えている人、災害ボランティア活動に参加した経験を振り返っている人に読んで頂ければと思う。同時に、災害ボランティア活動には参加したくない人、災害ボランティア活動に疑念を持っている人などにも、是非、手にとってもらえればと願う。そして、本書が、災害ボランティアについて、実践面でも研究面でも、議論を巻き起こす一助となれば幸いである。

災害ボランティア◎目次

第二章　災害ボランティア研究

第三章　災害ボランティアの二〇年　117

第五章　復興支援活動と災害ボランティア

第六章　地域防災活動と災害ボランティア　209

第七章 災害ボランティアが拓く新しい社会

第一章

東日本大震災と災害ボランティア

はじめに

東日本大震災は、二〇一一年（平成二三年）三月一一日（金）午後二時四六分、宮城県沖を震源とするマグニチュード九・〇の東北地方太平洋沖地震が原因となって発生した災害である。最大震度七を観測した地震の揺れによる被害に加え、波高一〇メートル以上（最大遡上高は四〇メートル以上）の津波が、東北から関東の太平洋沿岸地域を襲い、一八、〇〇〇人以上の尊い人命と約四〇万戸の家屋と財産を奪い去った。さらに、東京電力福島第一原子力発電所が津波による被害を受け、電源喪失、原子炉冷却不能、炉心溶融、水素爆発を経て、大量の放射性物質を放出する甚大な原子力事故を起こし、多くの住民が避難を余儀なくされる事態が発生した。

阪神・淡路大震災（一九九五年一月一七日～）以来、災害が起これば全国各地から救援に駆けつけるボランティアの姿が定着してきていた。また、災害時のボランティア活動を推進するＮＰＯも各地に設立され、緊急救援、復興支援、地域防災など様々な場面で活動を展開していた。東日本大震災という未曾有の災害を前にして、災害ボランティアや災害ＮＰＯは、どのように対応したのだろうか？

本章では、阪神・淡路大震災以来、災害救援活動や復興支援活動を継続してきた一つの災害ＮＰＯが、東日本大震災に直面して、どのような意思決定を経て活動を開始し、現在も継続しているのかということを、その当事者となった筆者自身の体験として詳細に綴ることにする。具体的には、筆者が理事長を務める特定非営利活動法人日本災害救援ボランティアネットワーク(Nippon Volunteer Network Active in Disaster、以下、NVNAD)という災害NPOの活動を紹介する。[1] 災害ボランティアに関する次章以下の論考に臨場感を添えることがねらいである。

ところで、東日本大震災では、ボランティア活動に対する重大な問題が生じたのも事実である。その最たるものとして、災害ボランティア活動への自粛ムードが蔓延し、初動が遅れるという問題があった。この問題は、災害ボランティアに関する東日本大震災までの経緯を踏まえて取り組むべきだと考えるので、本章では触れず、第四章で立ち戻ることにする。

1　最初の三ヶ月

日本災害救援ボランティアネットワークNVNAD

NVNADは、一九九五年の阪神・淡路大震災を契機に、兵庫県西宮市で結成された団体であ

1　東日本大震災で活動した災害ボランティアの全容を整理したものとしては、優れた著作（例えば、桜井政成（二〇一三）『東日本大震災とNPO・ボランティア―市民の力はいかにして立ち現われたか』ミネルヴァ書房）も徐々に公刊されてきている。また、本章の事例が対象とする地域についても、異なる視点からではあるが、既に記述したものがある（例えば、山下祐介（二〇一二）『東北発の震災論―周辺から広域システムを考える』ちくま新書）。

る。一九九八年の特定非営利活動促進法の成立に伴って、兵庫県で認証第一号の法人格を得た。国内外の災害対応で試行錯誤を繰り返しながら活動を継続してきたＮＶＮＡＤは、二〇一一年三月一一日の時点で、組織としては小さいながらも、災害ＮＰＯの草分け的存在の一つになってきていた。

一九九五年当時、神戸大学教員であった私は、西宮市で被災した。震災直後から数週間の避難所でのボランティア活動を経て、この団体に関わり始めた。東日本大震災の発生に応じ、私は、災害ボランティアの研究者としてだけではなく、災害ＮＰＯの理事長として、対応することとなった。

発災直後、事務所での決断

ＮＶＮＡＤの事務所には、二〇一一年三月一一日の発災直後から、理事やボランティアが駆けつけ、二名の専従職員とともに、各地の災害ＮＰＯ、社会福祉協議会、メディアなど各方面と連絡をとりあって、情報収集に努めた。そして、早速、西宮市内でボランティア活動支援金の募金を開始した。

私は、二〇一〇年一〇月から、フルブライト奨学金のご支援を受けて、カリフォルニア大学ロサンゼルス校（ＵＣＬＡ）に滞在していた。早朝に第一報を得て、緊急帰国の航空券を手配するためにアパートを飛び出した。どの便も空席がない。日本への直行便はもちろん、アジア各地を経由する便も含め、どれも満席だった。突然、シアトル経由関西空港行きが空いた。ロサンゼルスでお世話になった方々への挨拶もそぞろに、空港へと急いだ。

関空に到着した私は、自宅に戻る時間を惜しみ、事務所に駆けつけた。既に、一三日の夕方になっていた。早速、初期対応を担ってくれた檜垣龍樹副理事長をはじめ、皆さんと話し合いを始めた。被害のあまりの大きさに戸惑うことも多かったが、最も信頼する職員、寺本弘伸氏が私に真剣な眼差しを向け、「先生、一〇年はかかるでしょうが、やりましょう！」と力強く語りかけてくれたことに迷いは吹っ切れた。

私は、被災者支援、避難者支援、後方支援という三つのプロジェクトを同時に推進することを提案した。これらは、それぞれユニークな展開を見せながら、現在も継続している。まず、初期の経緯をプロジェクトごとに紹介し、被災者支援の現状については、節を改めて紹介する。

なお、こうした全ての活動は、全国各地からＮＶＮＡＤに寄せられた支援金があるからこそ行えている。一つ一つの活動に際し、寄付者へのお礼を述べるのが筋であるが、ここでは、活動の経緯を詳細に紹介することを通して、お礼に代えさせて頂きたい。

被災者支援――「北から」プロジェクト

東京へは行かない

全国の災害ＮＰＯの関係者からは、東京で大きな動きが生まれるというニュースが伝わってきた。東日本大震災が、大規模かつ複合的で広範囲に及ぶ災害であるため、災害ＮＰＯに限定せず、多様な分野に取り組むＮＰＯが中央に集結し、互いに連携して救援活動にあたるという構想だという。確かに、東日本大震災が広域にわたる大規模な複合災害であることを考慮すれば、それに応じた大規模、多様、広範囲に及ぶ救援のネットワークが必要であることは理解できた。ネットワークが形成され、もし被災者本位の決定を即座に行い、実行していくことができるのであれば、ＮＶＮＡＤとしても、そこに参加し、他団体の活動から学び、一人一人の被災者に向き合っていくことは大いに意味があると思われた。

しかし、私は、一抹の不安を覚えた。果たして、緊急時に、多種多様な人々が一堂に会して、被災者のいのちやくらしに関わることがらについて、被災者本位の決定を矢継ぎ早に下していけるだろうかという不安である。

当然ながら、多くの団体をまとめる強靱なリーダーシップが要求される。しかし、誰がリーダーとなれば、その正当性が認められるだろうか。無論、合議によって活動方針を決定することになろうが、膨大な時間を要することが予見された。一方、被災地では、被災された方々が、一刻も早い救援を待っておられる。時間を要する会議を重ね、「会議は踊る」であってはなるまい。迷いが生じた。

常々、迷ったときには、原点に戻ればよいと考えてきた。原点とは何か。私にとっては、自分が被災した「あの日」（一九九五年一月一七日）の西宮の風景である。あの時、そっと傍《そば》にいてくれた方々の姿である。だから、私は、NVNADに参加し、できる限り、被災された方々の傍《そば》に行き、お一人お一人が少しでも救われ、希望をもって下さることを願って活動や研究を行ってきたつもりである。

災害救援の場面では、まず、被災者の傍《そば》に行けるように動くことが優先される。中央に集結してネットワークを構築する努力には大いに敬意を払いたいが、残念ながら、NVNADには、そのために割ける労力もない。私は、仮にNVNAD単独となっても、被災された方々の傍《そば》に行くことを考えた。

北へ向かう

被災地に向かうことは決まった。しかし、どこに行けばよいかがわからない。これまで、NVNADでは、いわゆる「主たる被災地」であるかどうかということには関心を示してこなかった。むしろ、注目を集めないかもしれないが、それゆえに困っておられる方々の傍《そば》に行くことを続けてきた。

振り返ってみれば、二〇〇四年一〇月二三日に発生した新潟県中越地震では、全国から注目を浴びた山古志村ではなく、その隣の小千谷市塩谷集落で出会いがあった。二〇〇七年七月一六日に発生した新潟県中越沖地震では、柏崎市という都市部ではなく、隣の刈羽村とのご縁があった。塩谷や刈羽の皆様とは、今も復興支援という流れの中で、細々とではあるが、顔の見える関係を維持している。

こうした経験をもとにすれば、いわゆる「主たる被災地」であるかどうかに関わりなく、東京からの支援活動が届きにくいと思われる被災地北部に照準を定め、そこで生まれる出会いに賭けてみようと思った。幸い、青森県には、研究仲間のいる弘前大学がある。早速、連絡をとり、山下祐介氏（当時、弘前大学准教授）に沿岸部への案内を請うて青森県に向かうことにした。

八戸に行く理由

三月二二日、私は、ＮＶＮＡＤ理事の矢守克也氏（京都大学教授）、研究仲間の永田素彦氏（京都大学准教授）、八ッ塚一郎氏（熊本大学准教授）とともに、八戸市社会福祉協議会を訪問した。もっと早くに行きたかったが、まず新潟で、福島から避難されてきた方々の支援活動を手伝ってからの出発となった（後述）。

どうして八戸だったのか？　実は、阪神・淡路大震災後の夏休み、西宮市には、遊び場所を失った子どもたちが大勢いた。その時、子どもたちを招いて、遊ばせて下さった方々が、青森県八戸市にいらっしゃるという情報が入ったからである。当時、八戸市に招かれた子どもたちは、今や成人し、東日本大震災で八戸市が被災したことを知り、ＮＶＮＡＤには、八戸市に救援に向かって欲しいという声をあげているということだった。

青森県八戸市。西宮からみれば、遙か彼方の街である。しかし、あの時、その八戸から、わざわざ西宮の子どもたちを助けて下さった人がいたのである。そのことをしっかりと記憶している西宮市民がいる。お礼の気持ちを込めて、八戸に向かうことに誰一人反対するメンバーはなかった。

八戸での出会い

八戸市社会福祉協議会の浮木隆事務局次長（当時）は、八戸市災害ボランティアセンターの経緯と現状について説明され、ボランティアコーディネートに関する我々の質問に淡々と応えて下さった。「八戸市災害ボランティアセンターでは、何でもコーディネートしようなどと考えていない」と聞き、いきなり、我が意を得たり、と膝を打った。

というのも、これまで、数々の災害ボランティアセンターを体験したが、コーディネートという名のもとに、何でも災害ボランティアセンターで扱うという姿勢が見られ、それでは、災害ボランティアの創意に満ちた自由な活動を妨げてしまうのではないかという懸念を持っていたからである。

実際、八戸市災害ボランティアセンターでは、津波による瓦礫撤去のボランティアだけをコーディネートし、それ以外の活動を希望するボランティアには、災害ボランティアセンターを介することなく、自由に活動してもらうようにされていた。もし、現場で問題があれば活動先から情報が入るようにしていたということであった。

ところで、西宮市の子どもたちを八戸に招いてくれた人物は彼ではない。しかし、浮木氏にその事実をお話しし、招いて下さった人物を探していると言うと、さっと携帯電話を取りだし、どこかへ電話をしてくださった。一時間後には、地元の人物が現れ、「私たち八戸ＪＣがお招きしました。当時の理事長は私、松井でした。よく覚えています。」と挨拶をされた。実は、松井正文氏と浮木氏は、高校の同級生だとのこと。不思議なご縁を感じた。

その夜、改めてお二人や八戸工業高等専門学校教授の河村信治氏、同准教授の齋麻子氏らと会談し、八戸より南の地域の被害が圧倒的に大きいこと、対応能力や資源についても八戸より南の地域が弱いことを知り、八戸から南への支援活動を一緒に行うことにした。

野田村に立ち竦む

翌三月二三日、八戸市社会福祉協議会で出会った運輸会社の方々の紹介で、車両を提供して頂き、久慈市、野田村、そして、宮古市田老まで南下し、被害状況を把握することになった。地元紙デーリー東北の小嶋嘉文記者も同行してくれた。

八戸でも南が大変と聞いていたが、久慈市でもまた南の被害が甚大だと聞いた。そして、久慈市から南下し、隣接する野田村に入った途端、言葉を失った。何もかも流され、残った民家もあちらこちらに「流れ着いている」状況が目に入ったからだ。

岩手県野田村は、震災前の人口が四、六〇〇人あまりの小さな村である。波高一〇メートルの津波（最大遡上高三八メートルを記録）が、沿岸部に広がる中心市街地を襲い、三七名の命を奪い、四五〇棟にのぼる家屋が全・半壊、そして流失した。

津波で壊滅した住宅地のへりに家や倉庫が残っている。そこに八四歳のおばあさんがいて、道の掃除をしていた。話しかけると「地震を感じたので、津波が来ると思って、すぐに高台に逃げた」とのこと。一階まで浸水した野田村役場へ行く。役場より海側にあったという社会福祉協議会も使えない状態である。そこで、役場の入り口に机が一つでており、役場の小谷地英正氏と、同村社会福祉協議会の小谷地要治氏が受付をされていた。

役場の小谷地氏によると、救命救助活動がエリアを限定して行われており、そこへは立ち入り禁止。まだ、電話も不通。ネット環境もないので、発信できていないとのこと。村内にある久慈工業高校の先生と生徒、久慈市からのボランティアなど近隣の団体が動いているが、それ以外の団体を受け付ける余裕がない。一一カ所の避難所運営で手一杯とのことであった。

社協の小谷地氏の話によると、社協は職員三名であるし、全国社協の動きは知らない。一番大きな問題は、情報の不足。小谷地氏と話していると、災害ボランティア受付の後ろで資金相談を担当されていた岩手県社協の和山亨氏、盛岡市社協の熊谷良治氏が挨拶に来られる。全国社協の研修で私が行った講義を受けて下さったとのこと。彼らは交代制で来ているが、数日の様子を見ている限り、現地社協に災害ボランティアを受け付けてコーディネートする災害ボランティアセンター（災害ボラセン）を開設しようとは言い出せないとのことであった。

実際、全ての案件が社協の小谷地氏に集中していて、このままでは彼が倒れてしまうし、彼をそっと助けるだけで限界だろうと感じた。そこで私は、「何も災害ボラセンが目的ではないのだから、小谷地さんが倒れないように何とか助けてあげて欲しい。西宮からの救援も考える」と応えた。当日の私のメモには、以下のような言葉が記されている。

「受け入れ体制、災害ボラセンといった言葉に惑わされることが間違っている。受け入れなどなくても、ボラセンが存在しなくても、とにかく現地へ来ればできることがある」

野田村では、瓦礫と呼ばれる家屋や家財道具の撤去、泥かきをはじめとして、海水やドロが入った家々の掃除、避難所の支援など目に見える作業がいくらでもある。また、こうした作業に疲れた地元の人たちの傍《そば》にいて、そっと話しながらお茶を飲むといった活動も必須。救援物資も続々と届くから、その搬入、整理、配布にも人手がいる。子ども達の様子も気になるし、障がいをもった方々の支援も見えにくい。とにかく多くの災害ボランティアが必要だと感じ、西宮の事務所に連絡するとともに、八戸、弘前で、今後の救援活動に関する打合せを行って、いったん、西宮に戻った。

「北から」プロジェクト始動

三月二五日、NVNADの事務所では、野田村で救援活動を展開することを決めた。八戸から野田村へと、北から南へ活動を展開することから、この被災者支援プロジェクトを「北から」プロジェクトと命名し、八戸や弘前の諸団体と連携していく必要性も併せて検討した。復興段階に至れば、野田村の住民と、比較的同じ風土に生活されている八戸・弘前の方々、そして、かなり異なる風土に生活している我々が、一緒になって野田村について考えることが効果的だろうと考えたからである。

まず、救援段階においては、多数のボランティアによる活動が必要であることは明らかであったから、西宮からボランティアバスを運行することにした。野田村までは、片道一八時間もかかり、多額の費用を要する。しかし、ボランティアの募集を始めてみると、バスの座席は即座に満席となった。また、運行費用については、NVNAD宛てに頂いた支援金の他に、NVNADが災害時の連携を結んでいる西宮市からも補塡するとの連絡が入り、ボランティアバスによる救援活動が始まった。

ボランティアバス

NVNADでは、三月二九日のボランティアバスを皮切りに、ほぼ月一回のペースで、西宮から野田村へバスを運行した。ボランティアバスは、その後二年間で二〇回の訪問を重ねることになる。往路は車中泊、現地では二日間活動し、また一八時間の夜行バスで帰るという強行スケジュールではある。

バスが現地に到着する前に、スタッフが野田村に向かい、現地災害ボランティアセンターなどと受け入れに関する打ち合わせを行い、活動の調整を事前に済ませ、ボランティアが被災地の人々に直接向き合いながら活動できるように工夫していった。時期によって活動内容は変化するが、最初の一ヶ月は、瓦礫と呼ばれる物品の処理と、NVNADが独自に把握した情報などをもとに、被災された家々を個別に訪問する活動に取り組んだ。一日の活動が終了すると、宿泊先に移動し、活動に関する感想を一人一人述べて、全員で共有し、被災者本位の活動になっているかを随時チェックしていった。

野田村での活動継続

野田村社会福祉協議会は、仮設事務所で、災害ボランティアセンターを開設し、青森県社会福祉協議会から県内各地の社会福祉協議会職員の派遣を受けながら、運営していた。通常、災害ボラセンでは、地域内のボランティア関連情報をセンターに集中させ、全ての災害ボランティアを災害ボラセンでコーディネートする傾向がある。その結果、災害ボラセンを通さずに動く団体や個人には警戒感を持つ場合もあり、これが過度になると、被災者を置き去りにしたまま、支援者間の葛藤に発展する場合もある。

そこで、私は、事前に不必要な葛藤を回避しておきたいと思い、一つの動きをとった。今回、野田村災害ボラセンを支援している青森県社協には、二〇〇七年新潟県中越沖地震の救援活動などで一緒に活動した鳴海孝彦氏がおられ、しかも、八戸市社協の浮木氏と同窓であった。四月一六日、私は、浮木氏を介して、青森市まで鳴海氏に会いに行き、ＮＶＮＡＤが八戸、弘前と連携した動きを形成していくことの意義と展望について語った。災害現場の経験を積んでこられた鳴海氏だけに、被災者本位という姿勢を最重視され、理解を頂くことができた。その結果、NVNADは、野田村災害ボラセンと深刻な葛藤を生じることなく、連携しつつ活動を継続することができた。

八戸・弘前との連携

最初の一ヶ月、八戸高専の面々は、避難所を中心に訪問活動をされており、弘前大学の面々は、泥かき作業に当たられていた。NVNADでは、初動時に八戸高専や弘前大学の方々と会ってはいたが、協働して活動するという確固とした約束事はなかった。しかし、現地で顔を合わせ、互いの活動に関する情報交換を重ねる中で、相互に連携していくことが模索された。

最初の野田村訪問で同行した永田氏から、関西、八戸、弘前の諸団体が緩やかに連携していくことが提案された。そこで、五月二日、私は、八戸市社協で開かれた会議に、永田氏と一緒に参加し、八戸高専、八戸工業大学、八戸青年会議所と議論し、五月四日には、弘前大学で開催された会議に参加し、弘前大学人文学部ボランティアセンターや弘前市内に拠点を置くNPOと議論を行った。その結果、野田村を長期的に支援するためのネットワーク体制を、八戸、弘前、関西の諸団体が中心となって構築することが合意された。

ネットワークの当面の名称を「三陸地方を北から支援する会」（仮称）とすること、共同代表数名の体制とすること、息長く被災地を支援すること、そして、共同活動の拠点となる現地事務所を設ける方向で努力することなどが決定された。

NVNADのバスを利用して現地でのボランティア活動を始めていた関西学院大学教授の関嘉寛氏のグループや、東日本大震災を契機に設立された大阪大学の学生サークル「すずらん」もメンバーとなり、また、全国各地からの個人ボランティアも登録することになった。そして、ネットワークの名称として「チーム北リアス」が採用され、緩やかなネットワーク活動を展開しはじめた。共同代表は、李永俊氏(弘前大学教授:経済学)、河村信治氏(八戸高専教授:まちづくり)、寺本弘伸氏(日本災害救援ボランティアネットワーク常務理事)、および、永田素彦氏(京都大学准教授:グループ・ダイナミックス)の四名に決定した。

現地事務所開設――貫牛利一氏との出会い

ボランティアバスによる救援活動には、現地拠点があると便利である。資機材や足湯活動の道具などを毎回運ばなくてもよい。ボランティアが休憩したり、着替えたりする場所にもなる。夜行で到着したバスは、運転手の休憩のため、動かせない。そのため、現地でのボランティアや物品の移動のために、私自身が自家用車を持ち込んでいたが、駐車場所が必要だ。そこで、NVNADでは、野田村に現地事務所を開設することにして、土地を探していた。

五月六日夕刻、久慈市内の居酒屋「ひさご」の奥の座敷。この日、ボランティアとして来られていた群馬県桐生市の登内義也氏から、北三陸地域の観光振興に関わっている野田村在住の方に会わないかと誘われた。店にいると、「貫く牛と書いて貫牛です」と、一際大きな声で一人の男性が現れた。久慈広域観光協議会専務の貫牛利一氏との出会いであった。私は、貫牛氏に、それまでのまちづくり活動に関わってこられた経緯や、その背後にある様々な想いを聴かせてもらい、また、私からはＮＶＮＡＤの活動や、決まったばかりの「チーム北リアス」の動きをお知らせしたところ、初めて会ったその日、いや、一時間もせずに、大いに意気投合し、熱く語り合うことになった。

貫牛氏からは、その場で、彼の自宅の一部に現地事務所を置くことを勧めてもらい、早速、翌朝に現地を見に行った。野田村で最大の仮設住宅として予定されていた野田中学校グランドに近く、追加で決定される予定の仮設住宅の一部にも近いということもあって、仮設住宅での活動を視野に入れると絶好の場所であった。即決で現地事務所の場所が決まった。

今から振り返れば、貫牛氏と私との運命的とも言えるその夜の出会いが、チーム北リアスの現実的な始まりの日であった。

仮設住宅への入居

五月初旬、野田村で最初の仮設住宅一二八戸が野田中学校グランドに完成し、五月一四日、一五日に入居が始まった。チーム北リアスのボランティアは、避難所から仮設住宅への引っ越し作業を手伝った。もとより津波ですべてを流されてしまった方々が多く、荷物は多くないから、いわゆる力仕事はほとんどない。

軽トラックなどに少しの荷物を積んで、仮設住宅に来られた方々に声をかけ、荷物を一緒に運ぶ。荷物の中に、組み立て式の棚があったりする。ボランティアは、持ち主と一緒になって、棚を組み立てながら、対話を進めていく。また、いくら荷物が少ないとはいえ、荷物の入っていた段ボールなどが出る。狭い仮設住宅の中に置いておくとよけいに狭い。そこで、ボランティアが各戸をまわり、段ボールを回収していく。駐車場には区画を分ける線は引かれていて、書類には家の番号と駐車場の位置が記されていたが、初めての場所でいちいち確認するのは難しい。そこで、中学校から石灰のラインマーカーをお借りして、書類に記された番号を区画ごとに書いていった。

こうした作業を一つ一つこなしながら、出会った方々と会話を重ねていく。そうすることで、仮設住宅に顔見知りの方々が徐々に増えていき、その後の仮設住宅の戸別訪問活動へとつながっていった。

現地事務所開設準備室を拠点に

発災から三ヶ月を迎えた六月一一日、チーム北リアスの現地事務所（開設準備室）がオープンした。八戸工業大学准教授の関川浩志氏にロゴをデザインしてもらい、建物や服につけて一体感を醸し出すことができた。まだ宿泊施設など、建物は建っていなかったが、現地事務所長に就いてもらった貫牛氏の倉庫などを借り、現地事務所の機能を果たせるようになった。例えば、仮設住宅の敷地内で、様々なイベントを実施する際に使う道具や物資を保管しておくことができるようになった。

私が現地事務所にいると、貫牛氏のお母さんが畑仕事の合間に、地元のことを色々と教えて下さる。時々、方言で分からないときもあるが、話していると不思議にゆったりとした気分になり、ますます野田村が好きになっていった。

現地事務所がオープンした日には、それを記念して、たこ焼き・お好み焼きの炊き出しと物資青空市を開催した。炊き出しには、八戸市の方々が応援に来て下さった。中でも、八戸市内にあるエスニック料理の店「南風堂」の外舘真知子氏は、プロの技で調理を進めて下さった。本場大阪の味ということも手伝って、長蛇の列となり、食材が底をつく直前にようやく引けていった。

一方、物資は、私が長年交流してきた大阪府田尻町や大阪大学で集めた物資を届けてもらった。テントの下に所狭しと並べられた様々な物資も、多くのボランティアが希望される被災者一人一人に手渡ししていった。

仮設住宅での活動

仮設住宅への入居から半月ほどが経過した六月五日、六日には、NVNADと関西学院大学社会学部の合同で二台のバスが野田村に到着した。仮設住宅の敷地内で、足湯、子ども遊びなどのイベントを行った。その際、二〇〇九年夏、多くの死者を出した水害に見舞われた兵庫県佐用町から、特産のひまわりの種が届けられ、用意されたプランターに仮設住宅に暮らす皆さんと一緒に植えていった。また、その後、二〇〇七年の能登半島地震の被災地からは、仮設住宅での生活に役立つ物品を詰め込んだバッグも届けられ、一軒一軒配って歩いた。

また、神戸の企業（株）フェリシモの社員が中心となって、神戸にある様々な企業からご協力を得て、「なくてもいいけど、あったらいいな」という物資を届けてもらった。この活動は「エール・フロム・神戸」と呼ばれ、その後も野田村、新潟（後述）、さらには、NVNADとお付き合いのある福島県郡山市や宮城県栗原市の団体にも届けてもらった。野田村に届けてもらったお菓子などは、ボランティアが仮設住宅を一軒一軒訪ねながら、手渡しし、そして、対話を積み重ねていった。

私は、この時期、現地滞在を続け、イベントの前には、現地で調整し、イベントの後には、ご協力頂いた各方面にお礼のご挨拶に伺っていた。そして、イベントのない日には、仮設住宅をぶらりと訪れ、あちらこちらで顔見知りになった方々と話をし、またそこから知り合いが広がっていった。

仮設住宅には犬が数匹飼われているが、外にいる犬とは毎日会って、住民の皆さんとの犬談義にも花が咲いた。また、仮設住宅集会所で保健師によって開かれる健康相談会や、包括支援センターによって開かれる「なごみ体操教室」にも参加して、交流を深めていった。

こうした日頃の何気ない会話の中に、体調のこと、様々な悩み、仮設住宅の住み心地、そして、津波の前の野田村のこと、復興のことなどが出てくる。決して、いわゆるインタビューをしているわけではない。むしろ普通の世間話として、多様なことを聞き、NVNADとして復興への長い道のりにどのように関わっていくかということを考えていった。

避難者支援――「被災地のリレー」の萌芽

東京電力福島第一原子力発電所の事故を知ったとき、真っ先に頭をかすめたのは、多数の人々が、命からがら救いを求めて被災地を脱出する姿であった。そして、できるだけ早く、遠くへ逃げて頂きたいと願った。チェルノブイリ原発事故の惨状が瞼に浮かんだからだ。

ＮＶＮＡＤでは、福島県の被災地から避難される方々をどこでどう受け入れるのかを検討した。そして、避難されてきた方々への支援をどのように展開すればよいのかということを考えて行った。

新潟での受け入れ

福島県に隣接する新潟県には、ＮＶＮＡＤが救援活動、復興支援活動を通して、継続的な関係を維持している地域がある。二〇〇四年の中越地震で被災された小千谷市塩谷集落と、二〇〇七年の中越沖地震で甚大な被害を受けた刈羽村である。

まず、刈羽村社会福祉協議会に電話を入れた。すると、「たった今、福島から避難者の方々が来られました！」と、震えるような声が飛び込んできた。中越沖地震の時に、全国のボランティアに助けてもらったので、そのお礼をする機会だと思って待っていたとのことだった。しかし、急なことでもあり、臨機応変に対応する財源がまだ動いていないと言われる。そこで、ＮＶＮＡＤに頂いた支援金から刈羽村社会福祉協議会へと振り込むことを約束し、とにかく即座に必要な物品を揃えてもらうようにお願いした。

次に、小千谷市の復興支援員である小川晃氏に電話した。小千谷市は、福島からの避難者をまずは民泊で受け入れると発表したというので、耳を疑った。いくら災害によって故郷を追われた人々とはいえ、見ず知らずの方々を小千谷市の各家庭が受け入れることは可能なのか。小川氏に新聞記事をファックスで送ってもらった。すると、確かに、小千谷市は民泊を発表している。記事によると二〇〇軒を超える家庭が受け入れを表明したという。

刈羽・塩谷へ

三月一八日、私は、ＮＶＮＡＤ理事である矢守氏とともに、避難者の現状を知り、今後の支援の詳細を打ち合わせるために、新潟に向かった。その日の発表では、新潟県全体で七、八〇〇人余りが避難。刈羽村では、村内の施設四カ所に九三人、小千谷市では、二三六人を受け入れていた。刈羽村では、六ヶ月の赤ちゃんを連れた家族から九〇歳を越える高齢者までが、着の身着のまで避難してこられていた。村では、医療、介護面を強化した福祉（的）避難所を整備する予定という。すでに村内から、募金や援助物資が寄せられており、ボランティアも稼働しはじめていた。

避難者をケアし、村民によるボランティア活動を調整していくのは、社協職員であった。「こんな時こそ、（中越沖地震の際に）助けてもらったお礼をしなければ」と笑顔を絶やさず対応しておられる姿には、頭の下がる思いであった。

一方、小千谷市では、まず、一週間の民泊を経て、体育館等の大規模施設、地域の公民館等の小規模施設、県営や市営住宅の借り上げなど、多面的な受け入れを計画中であった。同市内の塩谷集落では、民泊での受け入れ表明をした三軒だけでなく、集落全体としてお付き合いをしていくという方針が話し合われていた。ここでもやはり、「地震で苦しい思いをしたのはお互いさま。こんな時にこそ、全国の皆様から中越地震の時に助けて頂いた恩返しをしたい」との言葉が聞かれた。

「被災地のリレー」プロジェクト始動

三月二一日、新潟から戻った私は、西宮の事務所で、刈羽や塩谷で目にした光景を報告した。全国各地に散らばらざるを得なかった福島からの避難者をできるだけ多く支援したい。しかし、NVNADが単独で広く支援をすることは到底不可能であった。そこで、私は、NVNADとして、刈羽村の方々が避難者を支援されていることを支援すること、そして、同じく、小千谷の方々が避難者を支援されていることを支援することを提案した。

中越地震を経験した小千谷、中越沖地震を経験した刈羽の方々が、東日本大震災で被災された福島県の方々を支援されることを、阪神・淡路大震災を経験したNVNADから支援する。NVNADでは、これを「被災地のリレー」と呼ぶことにした。

このプロジェクトは、いわゆる間接支援である。直接の支援活動は、小千谷市や刈羽村の方々が行ってこられた。NVNADスタッフや私自身は、ほぼ一ヶ月に一回程度、現地を訪れ、現地で展開されている支援について話を伺い、さらに必要な事柄があれば、西宮から実施するというだけであった。そこで、ここでは、今でも印象深く残っている話を紹介するに留める。

小千谷市にて

四月二一日、小千谷市を訪問した。小千谷市では、一週間の民泊を終え、体育館に設置された避難所生活を経て、二次避難所となった企業（越後製菓・ＳＡＮＹＯ）の寮、あるいは、市営住宅に移って行かれる流れとなっていた。

小千谷市に住むＴさんは、二〇〇四年小千谷市内で、中越地震に被災し、実家が大変な被害に遭われた。その時に、各地からのボランティアに助けてもらったことの恩返しがしたいと、三月から欠かさず毎日、避難者の間を歩き、対話を重ねてこられた。さっそく、この方の紹介で、避難者の方々にお話を聞いた。

九〇歳を超えるご夫婦は、心臓に病があり、三月一七日に小千谷市に来てからも、地元の病院に通っておられた。しかし、病院が遠く、二次避難所の近くに臨時に作られたバス停からバスを利用しても時間が合わなかったりしてタクシーを利用されていた。小千谷市が、他市に先駆けて一時帰宅を行ったときに戻ってみたら、家の被害がさらに増していたという。「それでも、津波ですべて失った人もいらっしゃるから……」とうつむき加減で話される姿はとても見ていられない思いがした。

また、寮の部屋を見せて下さった方もいた。一人住まいであったが、いくら避難先であるとしても、生活感が薄い印象をもった。後で、Tさんに尋ねてみると、津波で家族全員を亡くされた方とのことだった。「小千谷の皆さんには、あたたかく迎えて頂いた」と深々と頭を下げられる。私には返す言葉がなかった。

塩谷集落にて

小千谷市中心部から車で二〇分程度山に入ったところに、塩谷集落がある。三月はまだ二メートルを超える積雪に閉ざされていたが、ここにも民泊のために一二人が避難してこられるという情報が入った。最終的には、あまりの豪雪のため、避難の予定はキャンセルになった。ところが、キャンセルになったがゆえに、集落の人々の避難者への想いはさらに募っていった。具体的には、小千谷での生活で孤立感を持たれることのないように、機会を見つけて交流活動を展開しようという話が行われていった。

塩谷集落では、毎年、五月の終わりに田植えが行われる。二〇〇八年に「開校」した塩谷分校という集落有志の会（第五章参照）では、田植え交流会を開催し、大阪大学や関西学院大学、地元の長岡技術科学大学の学生などと交流してきた。四月二三日、塩谷集落を訪問した。そこで、田植えの打ち合わせをしているときに、福島から避難されている方々を田植えに招こうという話になった。

小千谷市の復興支援員にも協力をお願いして案内を出したところ、数名の避難者から参加申し込みがあった。五月二八日、ＮＶＮＡＤを介して参加した学生ボランティアも含め、福島から避難されている四名の方々と一緒に、みんなで一緒に田んぼで汗を流し、夕方から、恒例の交流会が始まった。

交流会は、塩谷分校の「給食の時間」という位置づけで、「日直」の「いただきます」の発声のもと、堅苦しい挨拶などは抜きにして宴会が始まる。交流会の終わりには、福島から避難されている方々からお礼の挨拶があり、「小千谷に来て一番楽しい時間だった」という感想が述べられた。後片付けをする塩谷集落の皆さんは、満面の笑みを浮かべ、もう次の交流へとプランを語っておられた。

刈羽村にて

四月二二日に刈羽村を訪問した。刈羽村では、村内五カ所の避難所に四〇世帯一一九人が避難され、避難所以外にも知り合いなどを頼って二〇八人が避難されていた。二〇〇七年の中越沖地震の際に、地元刈羽村の社会福祉協議会会長として、大変お世話になった廣川武司氏に案内してもらい、避難所をまわり、話を伺った。津波で何もかも失い、とるものもとりあえず避難バスに乗り込んだという方々もいらっしゃった。農地も農機具も失い、呆然とされている方もおられた。

一方、津波を免れ、家屋もまったく無事であるが、放射性物質という見えない災厄のために、故郷を離れざるを得なかった方々もいらっしゃった。いつになったら帰れるのか！と怒りを露わにされる方もおられた。

五月二九日、刈羽村では、住む場所が見つかって避難所から出て行く方々もいたので、分散していた避難所が、社会福祉協議会の建物に集約されていった。入浴施設や調理施設がある場所だったので、ここでピザを焼いて食べる会が催された。ピザの焼き方を教えるのは、福島から避難されている方々で、刈羽村の人たちやＮＶＮＡＤを介して参加したボランティアは、作り方を教えてもらって、食べる役回りとなった。

刈羽村社会福祉協議会の佐藤葉子氏や安沢めぐみ氏は、中越沖地震の時に、全国からのボランティアのコーディネートや仮設住宅での復興支援に邁進された方々である。彼女ら職員が、いつも底抜けに明るい笑顔で、避難されている方々に声をかけて、何かと一緒に作業をされてきた積み重ねがあるからだろうか、調理中も笑いが絶えない楽しい場となった。できたてのピザを囲んで、あちらこちらで話の輪ができた。福島の方々、刈羽村の方々、そして、学生ボランティアらが、時には、被災されたときの話、時には、刈羽村での生活、そして、時には、故郷へ帰ることについて、語り合う姿が見られた。

プロジェクトの展開

ＮＶＮＡＤでは、「被災地のリレー」プロジェクトとして、新潟への夏物の物資などの手配を行った。全国からたくさんの救援物資が届けられたが、寒い時期の発災だったので、衣類については冬物が多かった。そこでＮＶＮＡＤでは、先述の神戸・阪神間の企業のネットワークであるエール・フロム・神戸に夏物の手配をお願いし、無事受け取ってもらうことができた。

実は、ここに萌芽を見た「被災地のリレー」は、その後、大きな展開を迎える。具体的には、新潟県で過去に被災した人々が、東北へと救援活動に向かうことになる。このことは、実践として意味があるだけでなく、理論的にも極めて興味深い。そこで、被災地のリレーとその含意については、第七章で詳述する。

後方支援——西宮から

災害ＮＰＯや災害ボランティアといえば、被災地で汗を流す作業や、現地でたくさんの災害ボランティアをコーディネートしている姿を思い浮かべる読者が多いかもしれない。確かに、現地での活動こそが大切である。しかし、その背後には、実にたくさんの様々な方々の想いと支えがあることを忘れてはならない。

東日本大震災の報道に接して、何かしたいけれど何もできず、涙にくれながら、想いを届けたいと思って下さる人の数は計り知れないだろう。現地で活動するボランティアは、こうした人々に想いを託されて、被災された方々に接している。そして、災害ＮＰＯは、こうした人々の想いを、災害ボランティアを通じて、被災された方々にいかにお届けするかに腐心する。

街頭募金に深く感じ入る

ＮＶＮＡＤでは、発災当日から、街頭募金活動を展開した。被災者の傍《そば》に行くボランティアさんを支援していただく資金（支援金）をもとめた募金である。ＮＶＮＡＤでは、募金額の一五％を上限に、スタッフや事務所の経費を受けとることを明記して募金活動を行ってきた。

三月一三日、私が事務所に到着すると、募金活動に参加してくれた学生ボランティアからは、次のような報告があった。街頭で募金を呼びかけていると、高齢の女性が歩み寄り、目に涙を浮かべながら「私たちは（阪神・淡路大）震災のときに助けてもらった。何とか助けに行きたい。でも、もう年老いた自分は行けない。どうか若いあなたが行って助けてあげてください」と言いながら、募金箱ではなく、手に一万円札を握らせて下さったという。こうした想いを語りながら、次々と募金に応じてくださる方々があり、連日、街頭募金は、相当額にのぼった。

ＮＶＮＡＤでは、かねてより、寄付金は、お金であって、お金でないと、言ってきている。無論、募金は貨幣に違いない。しかし、同じ一、〇〇〇円であっても、そこに、被災された方々への想いが込められた一、〇〇〇円である。実際には、想いの込められた一、〇〇〇円札と、そうではない一、〇〇〇円札の間に物理的な区別、経済的な区別はない。しかし、ＮＶＮＡＤでは、それらを区別して考え、一、〇〇〇円札に込められた想いを、被災者に届けることを考えている。こうしたことを互いに話しながら、募金活動を継続し、寄せられた支援金を、ここまで述べてきた二つのプロジェクトにおいて使わせて頂いている。

救援物資にも工夫を

三月二二日から三一日まで、ＮＶＮＡＤでは、西宮市、西宮市社会福祉協議会と協力して、救援物資を集めた。募金同様、物は物であって物でないという議論をしながら、仕分けを行っていった。

救援物資は、第二の災害とも呼ばれることがあり、被災地に救援物資を送ることを制する動きも過去にあった。しかし、圧倒的に物資が不足している被災地に向けて、救援物資を送ることに問題はない。ただ、送り方に問題がある。例えば、様々な物資が混在している箱を送られたのでは、被災地で仕分けが必要になり、被災地に負担をかけてしまう。それを避けるためにも、まずは、被災された方々に想いを馳せ、その立場にたってみて、送り元で分類整理してから、送ることにすれば、負担が少なくなる。こうしたことから、NVNADでは、物資を地元で分類する作業を後方支援として展開した。

物資については、送るタイミングを考える必要がある。発災当初は、全国各地から被災地に物資が集まる。しかし、少し時間が経つと、何も届かなくなることがある。小千谷市での支援活動の項で紹介したが、避難生活が長引くと季節が移り、必要な物資も変わってくる。どのタイミングで何を届ければよいか、常に被災された方々の生活に想いを馳せて物資を扱う必要がある。もちろん、復興に伴って、地元の商店が動き出した頃に大量の物資を送るのは考え物であるし、そもそも物資ばかりを無料で配布し続けることに問題があることは理解されるべきであろう。

エール・フロム・神戸

NVNADには、様々な方々からご支援の申し出を頂いて来た。先述の（株）フェリシモの社員を中心として結成されたエール・フロム・神戸というネットワークは、合い言葉として、「なくてもいいけど、あったらいいな」と思える物資を、被災された方々の声をもとに判断し、長期的に支援を展開しようとするものである。

この活動の底流には、二〇〇四年新潟県中越地震の被災地で活動した当時大阪大学学生で、現在フェリシモ職員となっている方たちの想いがある。当時、私と一緒に新潟県長岡市に行き、N

VNADと福島県の災害NPOハートネットふくしまが設けた「KOBEから応援する会」現地事務所で、頂いた物資をどのように仮設住宅の皆さんに届けるかに頭を悩ませた当時の学生さんだからこその支援である。

NVNADでは、エール・フロム・神戸の方々と特に親交の深い元NVNAD職員で現在はボランティアとして関わって下さっている戸口京子氏に物資担当の臨時職員となってもらって、物資を通じた深みのある支援を展開すべく努めていった。

後方支援の大切さ

事務所での作業も、膨大な量になる。問い合わせの電話が鳴り止まず、メディアからの取材も受ける。ご寄付を頂いた方々への報告として、活動状況を発信する作業もある。もちろん、ご寄付を頂いた方々へのお礼を忘れてはならない。

NVNADでは、地元西宮のボランティアさんや学生インターンなど様々な人たちに助けてもらいながら、事務所運営をなんとか進めてきた。私は、被災地を飛び回り、次々と活動を立ち上げたり、次の活動へとつなげていったりといった、最も目立つ立場で活動させてもらっている。無論、ご批判を頂くことも多いが、「ありがとう」と声をかけてもらえる機会も多い。しかし、それが可能であり、継続していけるのは、こうして目立たないけれど、後方支援活動を支えてくださる方々のおかげである。もし、ＮＶＮＡＤの活動が被災された方々に届き、言葉をかけてもらえるのであれば、本来は、ＮＶＮＡＤの活動をさせて下さる全国の寄付者の方々、会員の皆さま、そして、事務所で後方支援活動に携わって下さるボランティアさんや職員の滝沢正彦氏にこそ、その言葉を届けたい。

災害発生から最初の三ヶ月のうちに始まった「北から」プロジェクト、「被災地のリレー」、後方支援というプロジェクトは、どれも現在進行中である。本章の残りの部分では、「北から」プロジェクトのその後の展開を紹介しておくことにする。

2　チーム北リアス——行政でもなく住民でもなく

災害発生からほぼ三ヶ月が経過した頃、野田村では、災害ボランティアによる瓦礫の処理も一段落し、仮設住宅での生活が本格化していた。また、チーム北リアスも加盟団体や賛同する個人が、様々な活動を展開していた。ＮＶＮＡＤの「北から」プロジェクトは、これ以降、団体としての独自性は保ちつつも、チーム北リアスの一員としての活動へと転換を遂げる。これに伴い、私自身も、チーム北リアスの一員としてのＮＶＮＡＤを代表する立場で、活動を継続していった。そして、引き続き、新潟の人々との交流（「被災地のリレー」プロジェクト）や、西宮における後方支援にも深く関与していった。また、研究者として、いくつかの研究の端緒をつかみ始めたのもこの頃である。

チーム北リアスでは、いくつかの基本的な考え方を共有していった。具体的には、長期的に活動を継続することを前提として、⑴被災された方々を常に中心に据えて、現場に寄り添う活動を展開すること、⑵野田村の復興を見据えて活動を進めること、⑶主要参加団体は、研究者と大学生が中心であるから野田村の将来に向けて役立つと判断すれば、研究も遂行することである。チーム北リアスは、こうした考え方を共有しながらも、それらを規約や定款といった形に整えるのではなく、ゆるやかに、臨機応変に活動を展開していくことを申し合わせていた。また、野田村役場をはじめとする行政機関とは、「適切な距離」をとることとし、同時に、住民からも「適切な距離」をとることも必要だと考えた。無論、行政からも住民からも依頼があれば、誠心誠意応じるのであるが、行政の下請けになったり、住民の便利屋になったりしてしまえば、結局、野田村の自立的な復興を妨げてしまうという判断をもって活動していった。

現在まで約二年半にわたるチーム北リアスの活動は、極めて多岐にわたる。私自身も折に触れて現場を訪れて活動に参加するので、全ての活動を時系列で記述することは、煩雑を極める。また、チーム北リアスに参加している各団体では、活動記録を出版している。[2] チーム北リアスの初期の活動については、英文でも既に書かれているし[3]、国内外の学会大会などで発表してきた[4]。さらに、二〇一二年春から一年間、私の研究室で学ぶ塩田朋陽君が大学を休学して、野田村に住んで活動し、今後、大学院でその経験を学術的に深めて、論文として世に問うていこうとしている。そこで、本節では、チーム北リアスの現在までの活動を網羅的に時系列で整理するのではなく、チーム北リアスの動きの中から、私自身にとって印象深く、特徴的だと思われる活動を選定して紹介する。チーム北リアスの活動を大別すれば、被災者に寄り添う活動、復興へとつなげていく活動、そして、研究活動に分かれる。まず、寄り添い活動から紹介しよう。

2　例えば、NVNAD（二〇一三）『東日本大震災―NVNAD一年の記録』NVNAD、弘前大学（二〇一二）『チーム・オール弘前の一年―岩手県野田村の復興支援・交流活動の記録』弘前大学出版会、および、報告書などがある。

3　Nagata, M. (2012) A 'Soft' Volunteerism in Super-extensive Disaster : Case of Noda. R. Shaw and Y.Takeuchi (eds.) *East Japan Earthquake and Tsunami : Evacuation, Communication, Education and Volunteerism*. Research Publishing Services. pp. 239-253.

4　二〇一三年には、日本グループ・ダイナミックス学会第60回大会でワークショップ「東日本大震災からの復興に向けた協働的実践とアクションリサーチ：『チーム北リアス』の二年」を開催し、イギリスで開催されたIntegrated Disaster Risk and Management 学会では、チーム北リアスの共同代表らとともに、Survivors Centered Approach toward Long-term Disaster Recovery : Collaborative Practices and Action Research after the 3.11 Earthquake and Tsunami と題した一連の発表を行った。

寄り添い活動

野田村では、野田中学校（一二八戸）、門前小路（一八戸）、泉沢（三九戸）、米田（一八戸）、下安家（一〇戸）の五カ所に合計二一三戸の仮設住宅が建設された。また、村内、あるいは、隣の久慈市内の賃貸住宅等が、「みなし仮設住宅」として、津波で住居を失った人々に提供された。

災害ボランティアによる寄り添い活動は、中学校仮設住宅の敷地内に設置された集会所など、各仮設住宅で人の集まることのできる場所を使ったお茶会や炊きだし、さらには、物資配布といった形で進んでいった。NVNADでは、毎月ボランティアバスを運行したが、その活動の中心は、仮設住宅でのこうした寄り添い活動であった。

二〇一二年一月、チーム北リアスに一通の封書が届いた。そこには、「仮設住宅に入居している人たちばかりが被災者ではない。みなし仮設でもボランティア活動を展開して欲しい。津波で流失はしなかった家で孤独に過ごす村民に対してもボランティア活動を展開して欲しい。」と綴られていた。確かに、寄り添い活動は仮設住宅に集中していたので、チーム北リアスでは、みなし仮設や仮設以外の人々を対象とした活動を模索した。

みなし仮設の問題は、個人情報保護の壁に阻まれて、みなし仮設に関する情報が圧倒的に不足していたことであった。そこで、地元の社会福祉協議会との連携を強化し、社協に雇用された四名の生活支援相談員と一緒にみなし仮設を訪問することにした。例えば、二〇一二年二月一四日、バレンタインデーに際して、チョコレートを配ることにしたチーム北リアスのボランティアと、社会福祉協議会で見守り巡回を続けてきた四名の生活支援相談員が一緒に仮設住宅やみなし仮設住宅を訪問した。

仮設住宅に入っておられない方々に対しては、炊き出しやフリーマーケットを役場前広場や中心街の施設で開催し、村民の方々が誰でも参加できるように工夫を重ねていった。さらに、京都大学書道部部長を務めていた河合直樹君（京都大学大学院）が、チーム北リアスと連携して河合書道教室を始めたことや、NVNAD理事の米山清美氏が野田村の親子に丁寧に接し、西宮の親子らとの交流を繰り返し実施してきたことは、仮設入居者に限定しない寄り添い活動として定着していった。

泉沢仮設月例誕生会

仮設住宅では、代表者を決めて、住宅群の自治運営に努めるようになる。三九戸が入居した泉沢仮設では、椎茸農家の小野紀行氏が仮設の代表者を務めることになった。小野氏は、仮設住宅に住む人々がもっと相互に交流すべきだと考えておられ、チーム北リアスに、交流の場を作ってほしいと依頼された。そこで、チーム北リアスでは、二〇一一年一一月一九日（土）に泉沢仮設談話室にて、交流会を開催すると広報を始めた。

当日、会場には、乳児から九〇歳近くの高齢者まで一〇名を超える参加者があった。皆さんが集まって、ゆっくりと、地震以来の話をしたり、昔話を語ったりする機会は、実は、それまであまりなかったとのことで、最初の自己紹介から皆さんが次々に想いを語ることになった。

夜になって、外にたき火も焚かれ、お酒も入ると、高齢の男性からは歌も飛び出し、伝統の曲に合わせて舞を見せて下さる女性がいたりして、ますます盛り上がりを見せた。そこへ、二〇〇四年新潟県中越地震で被災した新潟県小千谷市から、闘牛会の皆さんが訪問され、中越地震で体験された仮設住宅の生活や、辛い毎日を過ごしたときの心構えなど、心に染み入る話が語られ、参加者が聞き入る場面もあった。

誰からともなく、今後もこういう場をもち続けたいという声が上がり、その後、誕生日を迎える方々を誕生月にお祝いするという形で、毎月開いていくことになった。この交流会は、チーム北リアスが加わって、現在も毎月開催され、私もほぼその全ての回に参加してきた。参加者からは、津波に追われた話、新しく建てる家の話、出稼ぎをしていた頃の話など、様々な話を聴かせてもらう。ある時、小野氏がぽつりと述べたことが印象的だった。

「北リアスの皆さんは、また来てくれる。だから、今日つらくって、うまく話せなくても、今度会って話せばよい。そう思うと楽になる」

寄り添い活動は、じっくりと落ち着いて行うことだと教えられる。

見守り勉強会

チーム北リアスは、発足当初から、野田村社会福祉協議会と連携しつつ活動してきていた。野田村災害ボランティアセンター（後に、復興ボランティアセンター）は、社会福祉協議会に設置されていたし、仮設住宅を巡回しているのも社会福祉協議会職員だったからである。しかし、職員とボランティアが一緒に訪問活動をすることはなく、訪問後の記録についても、それぞれが独自に記録して保管し、それぞれの次の訪問に活かしてはいたものの、両者で共有する機会はなかった。

チーム北リアスでは、二〇一二年一月に受けとった投書を契機に、見守り活動の範囲を広げていくことを模索し、社会福祉協議会とのより密接な連携の必要性を感じていた。そこで、社会福祉協議会、保健師、そして、チーム北リアスのボランティアを含む会合の設置を企画した。そして、二〇一二年五月一四日、第一回地域見守り勉強会が、社会福祉協議会の主催で開催された。

見守り勉強会は、その後、ほぼ月例で開催されてきた。会合の場では、訪問時の内容や記録の共有化など様々な議論が展開される。また、二〇一二年一〇月一九日には、二〇〇七年新潟県中越沖地震で被災した刈羽村で、生活支援相談員として、仮設住宅の見守り活動を展開した安沢めぐみ氏、刈羽村社会福祉協議会職員として見守り活動やボランティア活動を調整した経験をもつ佐藤葉子氏を迎えて、体験を話してもらった。そして、現在では、面接困難家庭との接触について、また、復興住宅への引っ越し支援に関する議論と実践が続いている。運営には、日本心理学会からの活動助成を受けた。また、ＮＶＮＡＤは、この活動に興味をもち、記録をとりながら参加して資料を作成したりする学生ボランティアを支援している。

写真班

津波が引いた後には、ありとあらゆる物が沿岸部に残される。写真もその一つである。野田村でも、大量の写真が沿岸部を中心に残されていた。凍てつく寒さの中、こうした写真を一枚一枚拾って歩き、洗浄して乾燥し、展示していったボランティア達がいる。千葉大学大学院に通っていた地元の小田洋介氏の呼びかけによって、多くのボランティアがこの活動に参加した。彼らもチーム北リアスに参加し、いつしか「チーム北リアス写真班」と呼ばれるようになった。メンバーには、浅田政志氏らプロの写真家も加わり、写真の保全に専門的技術も提供された。総数七万枚に及ぶ写真は、現在、すべてデジタル化して保存され、また、それらのプリントアウトがクリアファイルに入れられて、閲覧できるようになっている。なお、写真の現物は、チーム北リアス現地事務所に準備された保管庫に厳重に保管されている。

当初、写真の回収、修復、展示を行っていた写真班は、その後、写真返却お茶会を展開していく。

例えば、野田中学校仮設住宅集会所で、お茶を飲みながら、写真（のコピー）の入ったクリアファイルを回覧し、自分の写真が見つかれば、そこに付された番号を写真班に告げる。写真班は、写真の現物を持ってきて、本人に返却するという流れである。

写真返却お茶会は、その名の通り、写真を持ち主に返すための会合である。そして、確かに、会合を開く毎に何枚もの写真が持ち主の手元に戻る。九〇歳を迎えようとする男性が、ご両親の写真を発見して涙ぐむ場面。一見単なる風景写真に思えた写真を見いだして号泣する男性。写真とともに、被災前の情景とその写真を撮影した時の思い出が一気に蘇ってきたのであろう。

写真返却お茶会では、ファイルが回覧されても、結局、持ち主がわからないこともある。しかし、お茶会の場は、喧しい。それぞれに写真を指差しながら、これは野田村でよく行われていた何々、これはあの時のこと、これは誰が中心になった行事、などなど野田村で生活してきた人々に共有されている思い出が想起され、話が大いに盛り上がる。

写真というモノを媒介として集合的な記憶が思い起こされる。そして、野田村で生活してきたのだということが集合的に喚起され、自然と語りが多くなる。写真という物体が返却されるというよりも、写真というモノに刻印された集合的な記憶が返却される。写真返却お茶会の意義はそこにある。

復興へとつなげていく活動

被災地の復興は、通常、行政が作成する復興計画をもとに粛々と進んでいくと考えられているのではなかろうか。そして、住民は、時に抗いつつも、計画を受け入れ、復興がいつかは完了すると思われている。また、多くの人々は、復興のスピードが速いとか遅いといったことがメディア等で論じられているのを知るに留まる。

しかし、被災現場にいると復興がそんな単純なものではないことが実感される。復興という言葉さえ、どこか非現実のように思えてしまうこともある。救援活動が完了し、ある日を境に復興が始まるわけでもないから、何が復興なのか、ますますわからなくなってしまう。

チーム北リアスでは、何事においても住民が中心だと考えてきたが、復興でも同様である。具体的には、野田村の人々が復興というテーマで話し合う場を作っていくお手伝いをしたり、野田村の将来を考えようという機運が高まった時に参考になる（かもしれない）ものや出来事を野田村の人々と一緒に作ったりしていくことを目指して活動してきた。例えば、チーム北リアス共同代表の一人である河村氏を介して、その母校である首都大学東京などから研究者と学生を招き、京都大学や大阪大学の学生らも交えて、シャレットワークショップが毎年開催されてきた。参加者が、数日間で知り得た野田村をもとに、野田村のまちづくりプランを練り上げ、野田村の方々にそのプランに対するコメントをもらうという流れである。

また、チーム北リアス共同代表の一人である永田氏は、シャレットワークショップに参加する一方、河村氏と協力して、商工会青年部と復興に関する対話の場を定期的に持つようになった。また、大阪大学の学生グループすずらんも当初の支援活動が応援活動へと転換したと考え、野田村の様々な仕事場を訪問し、手伝いながら、住民の話を聴いたり、その家庭にホームステイをする企画を実施したりしてきた。これらいずれもが、ボランティアを介して、住民が集まり、交流できる場を形成し、そこで復興に関する対話が起こることをサポートするという活動である。

のだむラジヲ

災害時にはラジオが活用されるというのは定説である。実際、東日本大震災の被災地でもラジオからの情報によって避難した人たちも多くいた。中でも、地域に密着した情報（のみ）を流している地域FM局の存在は大きいとされる。このことを承けて、東日本大震災後、地域FM局の設置に係る規制が緩和され、地域FM局のなかった被災地にも臨時のFM局が次々と設置され、復旧復興時の情報発信に寄与した。

野田村は、地域FM局をもたない地域である。また、地元では、野田村を含め、洋野町、久慈市、普代村を久慈広域地域と呼ぶことがあるが、広域においても、地域FM局は存在しなかった。

そこで、チーム北リアスでは、野田村を中心とする地域FM局を設立する動きが生じた。

二〇一一年一二月三日、大阪から、合唱団のリーダーである戸石伸康氏と、東京から、作曲家である上田益氏が野田村を訪問した。この合唱団では、阪神・淡路大震災の周年行事の際に、上田氏が作曲したレクイエムを歌ってきている。地元の合唱愛好家を募って、本格的な練習を積み、地元の人々の声でレクイエムを歌って、死者の追悼を行うという趣旨である。私は、大阪の民放ラジオのアナウンサーでもある戸石氏と知り合いで、二〇〇九年の兵庫県佐用町水害の際にも、佐用町で合唱団を形成し、レクイエムを歌って頂き好評だった経験があった。今回の彼らの野田村訪問もその一環として行われた。野田村では、わさらび合唱団という女声合唱の団体とレクイエム演奏に関する話が始まっていた。その打合せの夜のこと、戸石氏が、地域FMの設置にプロとして協力したいと申し出て下さった。かねてより地域FMの必要性を感じていた私は、早速、チーム北リアス現地事務所長である貫牛氏と打ち合わせて、具体的な動きを作っていくことにした。

まず、地域FMに関する研究会を立ち上げた。メンバーは、野田村商工会副会長の小野寺健二氏をはじめ、久慈広域観光協議会職員、チーム北リアス現地事務所代表など地元の方々と、大阪の民放ラジオのアナウンサー、そして、私だった。二〇一二年三月一九日に、山口県宇部市で地域FMに関する研修会があるということで参加し、帰りに神戸市の地域FM局に立ち寄って、現場の情報を収集した。その結果に基づいて、基本的な装置を買いそろえ、試験放送ができる状態へと進めていった。

野田村では八月の終わりに祭りが開催される。そこで、二〇一二年八月末、祭り会場といった限定された場ではあるが、祭りに参加している多くのボランティアに手伝ってもらって、試験放送を行った。この時点では、免許の取得も行っていなかったし、機材も必要最小限の小さなものばかりだったが、地元の新聞にも採り上げられ、好評であった。FM局の名前も、野田村とラジオを合成して、のだむラジヲと決まった。一年後の二〇一三年夏、依然として、免許や機材については、方針が定まらず、資金も得られていなかったので、夏祭での試験放送に留まった。ただ、大阪大学の大学院生が関わって野田村の住民が登場する番組作りを試みるなど、少しずつ充実していく兆しは見られた。

地域FMは、緊急時の情報発信という面から注目されることが多い。しかし、チーム北リアスでは、平常時の地元情報の発信に主軸をおいて計画を進めている。例えば、野田村のお菓子屋さんで新作のお餅が発売されたとか、久慈につながる国道四五号線の峠道が凍結しているといった地元の生活に密着した情報を流すことを企画している。

また、チーム北リアスでは、野田村の人々が復興というテーマで話し合う場の一つとしても地域FMを捉えている。野田村で村の将来を考えようという機運が高まった時に参考になる（かもしれない）メディアとして、現時点でできる準備を行っているものである。

被災地交流の推進

福島県からの避難者に対する支援活動が一段落した頃から、小千谷市塩谷集落でも、刈羽村でも、「お返しがしたい」という声が聞かれるようになった。そもそも、避難者を受け入れる時も、二〇〇四年、二〇〇七年の地震災害でお世話になった全国の方々へのお返しとして支援活動を展開していた人々である。よく聴いてみると、「東北の被災地に行って支援できることがあると思う」、「行ってみたい」、とのことであった。

ＮＶＮＡＤとの間で調整が続けられ、二〇一一年一二月一〇日早朝、ついに刈羽村の方々が、夜行バスを仕立てて、野田村に到着された。ＮＶＮＡＤによる西宮からのバスと一緒に野田村に入ってきた刈羽村からのバスを目にした私自身、涙をこらえることができなかった。二〇〇七年当時、大地震の被害で、茫然自失されていた方々、その後、仮設住宅での不自由な生活に苦しまれた方々、そうした地元住民を支えてこられた社会福祉協議会の方々など、懐かしい面々との再会であった。無論、ＮＶＮＡＤのメンバーとは知り合いの方も多く、活動は最初から和気藹々と進んだ。西宮から刈羽、そして、野田へと繋がった活動のリレーについては、最終章で詳説する。

ここでは、チーム北リアスによる交流活動の一つとして記録しておく。

ところで、毎年、一月一七日が来ると、NVNADでは、お付き合いのできた全国各地の被災地から有志の方々をKOBEにお招きしてきた。阪神・淡路大震災から一七年を迎えた二〇一二年一月一七日には、新潟県中越地震（二〇〇四年）の被災地である小千谷市から六名、中越沖地震（二〇〇七年）の被災地である刈羽村から九名、そして、岩手県野田村からも九名、またチーム北リアス関係者五名（八戸、弘前）が、早朝五時四六分からの追悼行事に参加された。引き続き、西宮市では、NVNADが主催して、被災体験交流の会合を開き、それぞれの災害からの復興について意見を交わしてもらった。

さらに、中越沖地震から五年となった二〇一二年七月一六日の週には、刈羽村でイベントが開催され、西宮からのNVNADだけでなく、野田村の面々もチーム北リアスとともに参加された。そして、こうした交流を持続的に展開しようという声があがり、私が交流してきたことをきっかけとして野田村訪問を繰り返していた大阪上町台地の皆さんの助力を得て、コナモンをテーマとすることが決まった。そして、二〇一三年九月二一日、チーム北リアス現地事務所周辺を会場として、第一回コナモンWORLD選手権というイベントが開催され、刈羽、弘前、八戸、関西、そして、野田から、それぞれの地元に因んだ粉ものを地元の参加者に振る舞った。

交流活動には、他にも野田村と西宮の親子の交流など、将来につながる意義深いものがある。こうした交流活動を通して、被災した経験や、救援をうけた経験をもつ地域の人々が、災害とは直接関係のない文脈をも含めて、関係を維持していくことの意義は大きい。まず、野田村については、今後の復興過程で疑問に感じたり、理解しづらいことが出てきた時に、復興過程を経験してきた過去の被災地の人々と知り合っておけば、その人たちに尋ねることができる。また、交流活動に参加した過去の被災地の人々にとっては、ようやく支援する側に立つことができたことを自覚することによって、自らの地域の復興を実感する機会になっていることも交流活動のもつ大きな意義である。チーム北リアスは、野田村の人々だけでは企画するのが困難であろう被災地交流の機会を創出し、復興過程を支え合う人間関係の樹立に努めている。

調査・研究活動

チーム北リアスは、大学生がボランティアとして多く関わり、それに応じて大学教員の比率が高い。そこで、野田村を舞台に、東日本大震災からの復興に関する調査研究が進めやすい環境にある。しかし、チーム北リアスでは、被災された住民のくらしを本位におくことを前提としているので、災害直後の大変な中では、調査や研究などを考えることなく、実践に努めていた。事実、ようやく第一回目の研究会を開催したのは、津波から半年以上が経過した二〇一一年九月二六日のことであった。

最初の研究会では、野田村で生活されている人々に直接役に立たない研究はする必要がないこと、調査によって把握することの意義が明確にならない限り調査は実施すべきではないこと、一方、どのように研究としてまとめるかが定まっていなくても、記録の意味も兼ねて、可能であれば、一人一人の話をじっくりと伺っていくべきであること、などが話し合われた。二〇一二年秋からは、チーム北リアス共同代表の李氏をリーダーとする科学研究費も採択され、研究会を重ねていった。

研究は、野田村の人々に被災経験を生々しく語ってもらい、文字に起こして記録していく聴き書き研究、小正月に鬼の面などで装束を整えて子どものいる家を訪ね歩く「なもみ」など野田村の伝統行事や、塩を巡って地震前から展開されてきた村おこしの経緯などを記録していく野田村研究、そして、こうした研究成果を整理する総合研究の三つに分かれる。聴き書きについては、二〇一二年冬に報告書の形で出版され、二〇一三年度中には、弘前大学出版会から出版が予定されている。一方、聴き書きだけで、被災後の生活実態や復興への意識の全体的な傾向を知ることには無理があるので、野田村の全面的な協力を得て、二〇一三年度には、全住民を対象としたアンケート調査も実施して、報告書と全戸配布のダイジェスト版を発行した。野田村研究や総合研究も進められていて、いずれは、研究会の成果として三冊の書物としてまとめて出版する計画もある。個別の研究成果は、研究論文や出版物で別途世に問うことになるので、ここでは立ち入らないことにする。

聴き書き本

聴き書き本の作成過程で出会った話だけは、私自身にとって、極めて印象的であったので、書き記しておこう。

発災から一年以上が経過した頃、私は、津波で親族を亡くされたある女性からようやく話を伺うことができた。幸い、私は、話を伺うまでに十分な関係を築いていたために、彼女は、時に涙ぐみながらもしっかりと、二時間以上にわたって、体験を話してくださった。後日、お伺いしたことを文字にして持参すると、修正したい部分があると言われた。もちろん、修正は想定していたことだから、修正をお願いした。数日後、修正稿を受けとり、清書して持参すると、さらに修正したいとの意向を示された。そこで、再度修正をお願いした。再度の清書を持参すると、さらに修正……こうして、修正と清書を延々と繰り返すこと約一〇ヶ月に及んだ。

もちろん、単なる文字の修正ではない。修正の過程でも様々なお話を伺い、清書を前にして話し込むこともあって、最初の原稿は跡形もないほどに修正された。そして、最終版かと思われた時、やはり言葉として残すことに躊躇いがあるといわれ、それまでに蓄積してきた原稿はすべて破棄することになった。

修正の過程を振り返ると、原稿には、何度も何度も言葉にしようと書き直してこられた痕跡がある。彼女にとって、言語化とはどういう意味をもっていたのだろうか。もちろん、私が、この修正過程を捉えて、被災体験の意味構築過程に関する研究を行うこともできるかもしれない。しかし、そのことは、彼女にとって何の意味があろう。むしろ、言語化せずにそのままでいることの方が、よほど大切なように思われる。修正の痕跡がいくつも残る原稿は、私にとって、単なる紙ではない。野田村でのかけがえのない出会いの記録である。

大阪大学野田村サテライト

大阪大学では、二〇一二年度からリーディング大学院の一環として、未来共生イノベーター博士課程プログラムを開始した。私もその一員に加えてもらい、二〇一三年三月には、再び、貫牛氏のお世話になり、チーム北リアス現地事務所の向かいに、大阪大学野田村サテライトが開設された。

サテライトは、未来共生プログラムに所属する大学院生が履修する「コミュニティワーク」という授業の場である。また、毎月一一日には、サテライトセミナーを開催し、災害、教育、宗教といった様々な話題や、ボランティアについて子どもたちと考えるコースなどを準備して、野田村の人々との交流を広げている。

チーム北リアスは、災害ボランティアによる独立したネットワーク組織であるが、大阪大学野田村サテライトは、教育・研究機関である。同じ敷地内で、災害ボランティアと大学院生を中心とした研究者が、さらに協働しながら、東日本大震災からの復興について、考え、議論し、実践している。チーム北リアスが、行政でもなく、住民でもない立場から、野田村の復興にどのように関わっていくことができるのか。活動のまっただ中で時を過ごしながら、じっくりと考えて行きたいと思っている。

第二章

災害ボランティア研究

はじめに

災害ボランティアは、被災者の傍らにあって、あくまでも被災者を活動の中心に据え、臨機応変に、被災者や被災地の支援を行う。筆者は、災害ボランティアの核心について、「ただ傍《そば》にいること」が最も肝要であるとしてきた[5]。「ただ傍《そば》にいること」とは、何らかの救援活動を展開できる災害ボランティアであっても、まずは無条件に被災者の傍らにあって、被災者の声（それはため息だけかもしれない）を聴くことから具体的な活動へと移っていくことを示している。では、被災者と、その傍らにいる災害ボランティアとの間ではいったい何が起こっているのだろうか？なぜ、ただ傍《そば》にいることから始めるのだろうか？　現場に向かった研究者の場合はどうだろうか？

このような場面を検討していくにあたり、本書では、グループ・ダイナミックスに依拠して考える。グループ・ダイナミックスは、研究者自身が、様々なコミュニティや組織といった現場に入り込み、現場の当事者と一緒に現場の改善を行っていく実践的な学問である[6]。前章で記したように、筆者は、災害ボランティアを研究するにあたり、自分自身が、災害ボランティアの現場に入り込み、被災地の人々と一緒に復興に向けて活動している。筆者にとって、グループ・ダイナミックスは、うってつけの理論的、実践的枠組みを提供してくれる学問である。

グループ・ダイナミックスは、現在も大胆な理論的彫琢と実践の続く比較的新しい学問である。本章では、災害ボランティアを理解し、災害ボランティアが活動する現場を改善していくという文脈において、グループ・ダイナミックスのとる考え方を紹介する。具体的には、まず、グループ・ダイナミックスの人間科学としての位置づけや現場に向かう姿勢を概説し（第1節）、グループ・ダイナミックスの研究成果の表現方法に焦点を当てて考察する（第2節）。さらに、災害ボランティア活動の現場において、グループ・ダイナミックスの特徴的な考え方が如実に現れる場面をいくつか採り上げて紹介し（第3節）、次章以降の論述の基礎を築く。

1　グループ・ダイナミックスの考え方

グループ・ダイナミックスに依拠する研究者は、様々な現場に入り込み、現場の当事者と一緒に事態の改善を目指して実践的な研究を推進する。実践を支えているのは、グループ・ダイナミックスの、人や社会に関する、一見、常識とは異なる考え方である。その最たるものは、「人の内面に心が内蔵されている」という常識的な考え方を捨てることである。グループ・ダイナミック

5　渥美公秀（二〇〇一）『ボランティアの知―実践としてのボランティア研究』大阪大学出版会
6　杉万俊夫（二〇一三）『グループ・ダイナミックス入門―組織と地域を変える実践学』世界思想社

スでは、いかに人の内面からほとばしり出ていると思われる事柄であっても、それは決してその人が単独になしたことではなく、眼前の、あるいは、過去の、さらにあるいは、未来の他の人々との関係によって紡ぎ出されていると考える。

そんなことを主張した途端、強烈な反論に出会いそうである。そもそも、ボランティアは自発性に基づいているではないか！、今この本を自分の意思で読んでいるではないか！、と。しかし、人の内面に心がないということは、それほど奇妙なことでもない。実際、災害ボランティアの現場を歩いていると、実は、一人一人の内面に心を想定しない方が、現場にうまく対応できることがしばしばある。

また、グループ・ダイナミックスは、現場に向かう姿勢においても、常識とは一見異なる独特の考え方をもっている。グループ・ダイナミックスでは、現場に入る時に予め研究計画を準備しない。その代わり、何であっても現場で必要とされる事柄を遂行する。そのことが、研究に繋がるのかどうかといった問いは、さしあたって、封じたままで。現場に研究計画を持ち込まないことが、実は、災害ボランティアの現場に入り込むのに最適なのである。本節では、グループ・ダイナミックスの現場でのあり方を分類し、現場への入り方を検討する。

さらに、グループ・ダイナミックスの研究成果と現場との関わりも、常識とは一見異なる独特の考え方に基づいている。通常であれば、研究によって、現場が目に見えて便利になったり、それまで不可能であったことができるようになったりして、研究の成果が実感できることが現場との関わりにおいて重要であろう。しかし、グループ・ダイナミックスの成果は、一見、わかりにくい。実は、グループ・ダイナミックスの研究成果は、現場での言葉遣いの変化として現れてくる。無論、グループ・ダイナミックスの研究成果だけが言葉の変化をもたらすのではないことは言うまでもないが、グループ・ダイナミックスは、言葉の変化に着目し、言葉の変化を通して、いわば世界の意味が変化していくことをもって、その研究成果と考える。例えば、組織やコミュニティといった現場に入り込み、現場で記録したり見いだしたりしたことをひとまとまりの文章としてまとめたものは、エスノグラフィーと呼ばれ、現場での言葉遣いの変化に寄与することがある。本章第2節では、グループ・ダイナミックスの成果の一つであるエスノグラフィーに注目し、言葉の問題に触れる。

本章の最終節では、グループ・ダイナミックスの最もユニーク考え方——人々の内面に心を想定しない——に立ち戻り、この考え方の有効性を検討する。その際、災害ボランティアが現場で出会う諸問題として、被災者のニーズ、心のケアを採り上げ、災害ボランティア研究が注目する現象として、災害ボランティア活動への参加動機、災害の記憶を採り上げて検討する。

科学という営みを分類してみよう。第一の基準は、普遍的な法則を前提とするのか、解釈の多様性によって世界の多義性を前提とするのかという基準である。前者の科学を法則（nomothetic）科学、後者の科学を物語（narrative）科学と呼んでみたい。第二の基準は、対象とする世界に関する認識を得ることを最終目的とするのか、対象とする世界の変革を志向するかという基準である。前者を志向する科学を認識（epistemic）科学、後者を志向する科学を設計（design）科学と名付ける。その結果、科学という営みは、表2・1のように四つに分類される。各セルに既存の学問分野を例示した。無論、各学問分野には、様々な考えや流派があるのが通常であるから、一つの学問分野を一つのセルにおさめるのは無理がある。ただここでは、それぞれの学問分野が、究極的に目指していると思われるセルを示したものだと理解していただきたい。

この分類に従えば、多くの社会科学は、普遍的な法則を前提とするよりも解釈の多様性をもとに言説の豊かさを高めるので、物語科学である。また同時に、社会科学は、世界に対する認識を得ようとするに留まることが多く、認識科学である。例えば、グループ・ダイナミックスと並置されることのある社会心理学は、実験室実験といった自然科学に擬した方法を用いるが、その再現可能性一つをとってみても、まさか普遍的な法則を見いだそうとしているわけではない。やは

表２・１　科学の分類

	認識科学	設計科学
法則科学	物理学	工学
物語科学	文学	グループ・ダイナミックス

注：各セルには、典型的な学問分野を記した。無論、各分野の内部には多様な考え方がある。

り、物語認識科学である。しかし、その位置づけに安住せず、何とか法則科学へ進もうとしているかに見える。一方、グループ・ダイナミックスは、設計科学であることに特長がある。すなわち、解釈の多様性によって豊かな言説をもたらす物語科学であるが、そのことによって、現場の変革、改善を目指す学問分野である。

災害ボランティアの文脈に置いてみれば、グループ・ダイナミックスは、災害に関する普遍的な法則を求めるのではなく、特定の文脈や事例の中で多様な解釈を行っていくから、物語科学である。また、災害ボランティアのグループ・ダイナミックスは、解釈によって事態を理解することに留まるのではなく、その解釈を用いて、救援、復興、防災の現状（の一部）を改善することを志向するから、設計科学である。

物語設計科学としてのグループ・ダイナミックスも、その推進においては、隣接する科学と類似することもある。例えば、解釈を抽象的なレベルまで進めれば、文脈の特異性は希薄になり、より普遍的と思われる知にたどり着くことはある。一方、解釈によって変革をもたらすことを志向するとはいえ、解釈を示して政治的な動きと連動しても、なかなか変化の兆しさえ見えず、ある解釈を得たことに満足しなければならないこともある。

物語設計科学としてのグループ・ダイナミックスに依拠する場合、災害救援や復興の場面に変革をもたらすことのできるような、実践的で多様な解釈を求めていくことになる。そのためには、個々の学問分野の中で知を創造し、特定の科学者コミュニティの中で成果を評価したり発表したりしてきた従来の専門的な学問とは異なる姿勢が有効である。具体的には、個別の学問分野を超えた社会的文脈の中で知を創造し、研究者だけではなく、市民やNPOも参加し、社会に説明責任を果たす意味でも学術雑誌に限らず幅広い媒体に成果を発表していくような姿勢である。

物語設計科学としてのグループ・ダイナミックスは、専門に閉じこもることはないし、研究しか行わないわけでもない。言い換えれば、グループ・ダイナミックスは、物語設計科学として表2・1で示した一つのセルに位置づけられるが、常にセルから滲み出し、セルを越境して様々な科学と交流する。

ここで、科学の分類を示した表2・1を「図」とみれば、その背後には「地」が控えている（図2・1）。芸術や哲学や宗教は、この表の外に位置づけることができよう。例えば、哲学は、人々のあらゆる営みやこの世界そのものを考察の対象とし、表2・1との関連で言えば、この表全体（科学そのもの）が考察の対象とすることもあろうし、表の外に位置する芸術や宗教が考察の対象となることもある。このように、表2・1の外側には、様々な営みが存在し、分類された科学の全

図2・1　科学の背景

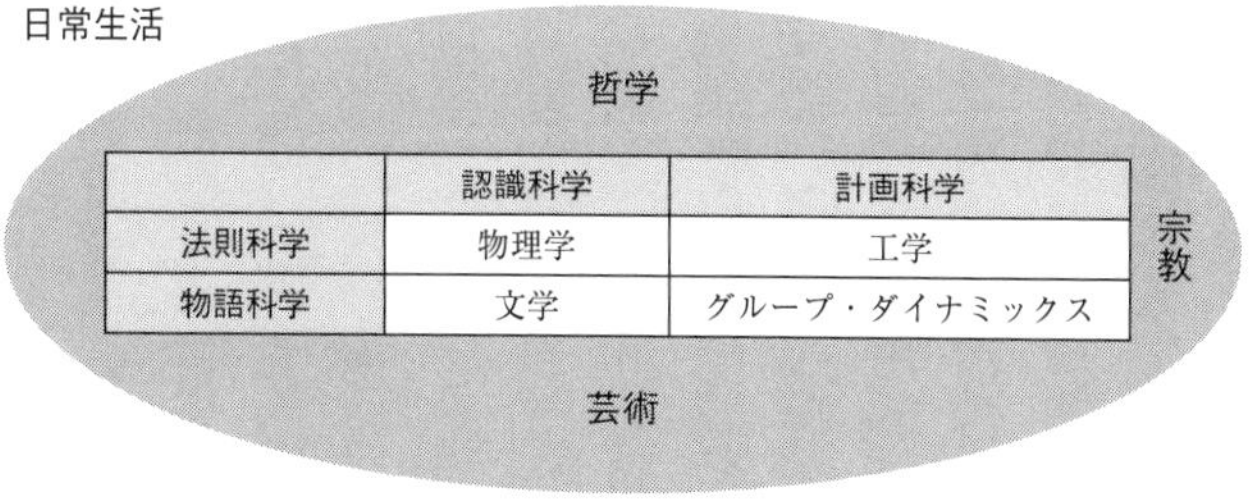

	認識科学	計画科学
法則科学	物理学	工学
物語科学	文学	グループ・ダイナミックス

体を位置づけている。

もちろん、議論はここで終わることはない。哲学や芸術や宗教をも図として含む「地」となる領域がある（図2・1）。そこには、何気ない日常や私的な喜怒哀楽など実に多様な事柄が拡がっている。日常の営みにおいては、芸術を鑑賞したり、信仰について思い悩んだりすることもあろうが、芸術などには関心なく、宗教といえば無条件に回避してしまうような生活もある。また、科学的な説明に納得するよりも喜怒哀楽に富んだ会話を楽しみたいと考える生活もある。もちろん、そうした生活の存在を前提として、科学的啓蒙をしていくべきだなどとあまりに傲慢な議論を展開したいわけではない。そうではなく、ここで強調したいことは、科学は世界の一部に過ぎないという当たり前のことである。表2・1に示した科学という営みは、多様な営みを地として成立する一つの図にすぎないのである。

災害ボランティアが活動するような場面では、法則認識科学（例えば、地震学）や法則設計科学（例えば、地震工学）としての自然科学が中心となることが多い。しかし、自然科学は、科学の一部に過ぎない。もちろん、物語設計科学としてのグループ・ダイナミックスも、科学の一部に過ぎない。そして、そもそも科学自体が世界の一部に過ぎない訳である。このことは当たり前のようでいて、なかなか理解されない。災害が日常生活を襲うことを考えれば、物語設計科学として災害ボランティア研究に取り組む場合、「図」としての科学の中で鍛錬し、それぞれの科学と交流することはもちろん「地」としての豊かで多様な世界を常に念頭に置き、関係を広め深めていくことが求められる。

協働的実践とアクションリサーチ

グループ・ダイナミックスの営みは、協働的実践とアクションリサーチに分けて考えるとわかりやすい。協働的実践は、当事者と非当事者が一緒になってよりよい事態を目指して行う実践である。その際、当該の実践が研究へと結びつくかどうかは、さしあたって関心の外にある。一方、アクションリサーチは、当事者と非当事者が一緒になってよりよい事態を目指して行う研究である。アクションリサーチは、協働的実践に包含される。したがって、全てのアクションリサーチは、協働的実践でもある。ただし、全ての協働的実践がアクションリサーチではない。言い換えれば、協働的実践は、アクションリサーチの必要条件であるが、十分条件ではない。実際、現場では、実践だけがあるとも言える。なぜなら、リサーチも当事者と非当事者が行う実践であるし、研究成果は実践へと持ち込まれていくことにこそ意味があるからである。結局、現場から見れば、人々が協働して行う実践＝アクションがあるばかりであって、そこに研究者が研究者として加わった場合には、リサーチという協働的実践もあり得るというに過ぎない。一方、研究者から見れば、アクションリサーチは、実践とは別個の活動や方法なのではなく、様々なアクション（実践）に向かう研究者としての姿勢や生き様のことになる。

ところで、研究者にとっては、協働的実践を行うことが困難のようである。なぜなら、研究者が、自らの行いが研究に結びつくかどうかということを関心の外に置いて活動することは、いわば職務怠慢に思えるからであろう。無論、あくまで戦略的に研究を関心の外におくに過ぎないのであるが、このことができない研究者は多い。協働的実践を欠いたアクションリサーチ（めいた活動）を行う専門家然とした姿を思い浮かべるとよかろう。

繰り返すが、協働的実践は、アクションリサーチの必要条件であるが、十分条件ではない。協働的実践が行われている時、さしあたって何を研究しようとしているのか、何が研究成果として生じうるのかといったことは明示できないままに実践が先行していることもある。極端な場合には、協働的実践を続けてきた結果、そこから（直接的な）研究成果が出てこない場合もある。誤解を恐れずにいえば、アクションリサーチが研究者としての姿勢であれば、協働的実践は研究者でもある一人の人間としての姿勢なのである。

協働的実践を展開する研究者は、現場と密接な関わりをもつ。現場の迷惑にならないようにといった理由で、現場と一線を画して眺める存在――いわゆる「壁のハエ」――ではない。協働的実践を行う研究者は、現場の当事者とともに様々な活動を繰り広げるので、研究者と当事者は、いわば「共犯的」に事態に関わることになる。

グループ・ダイナミックスにおいては、現場の変革が意図されるのであるから、アクションリサーチを行う場合も、具体的な方法については、変革が促されるという条件が整えば、質的研究法を用いるか、量的研究法を用いるかは二次的である。実際、アクションリサーチを展開する研究者は、現場の当事者にインタビューをすることもあれば、アンケートを配布して回答を集める場合もある。どのような方法を用いるかということは、当事者とともにそこに変革が促されるという判断が成立するかどうかに依存する。

アクションリサーチが従う論理は、演繹や帰納が中心となることもある。しかし、アクションリサーチをも包含する協働的実践の論理の中核を成すのは、アブダクションである。パースによるアブダクションについて、米盛裕二の議論[7]を要約して示すと、アブダクションは、科学的探求のいわゆる「発見の文脈」において仮説や理論を発案する推論である。形式的に示せば、PならばQであることが観察されたときに、SならばQが言えれば、そこからP＝Sを推論するというものである。例えば、ある被災地Pで、仮面を使った独特の伝統行事Qが観察されたとしよう。観察者は、別の機会に、ある文化圏Sでは、仮面を使った独特の行事Qが行われていることを知っていたとしよう。ここで、その被災地Pが文化圏Sにあるのではないかという推論を行うことがアブダクションである。この場合、被災地Pと文化圏Sが現在の交通網では極めて行き交いにくい場所であったりすると、次から次へと想像が膨らみ、豊かな仮説が生みだされるだろう。無論、これは可謬性の高い仮説であり、説明・理論の構築の契機となるに過ぎない。しかし、協働的実践が求めているのは、まさに、説明・理論の構築の契機なのである。

ここで、協働的実践において、アブダクションを用いる際の注意点を述べておこう。アブダクションでは、最初の観察結果（P→Q）に、「驚き」「不可解」「予想外」といった状態が伴うこと、次の命題（S→Q）は、推論する者が様々な知識を駆使して推論に持ち込むことに注目しておきたい。協働的実践において、研究者が当事者と過度に一体化してしまえば、「驚き」を伴うような観察をする機会は少なくなるだろう。したがって、協働的実践においては、研究者と当事者が互いの他者性にいかに鋭敏に対応するかということが問われる。と同時に、協働的実践では、推論において用いる「様々な知識」には際限がない。既存の学に囚われずに、字義通り学際的に知

7　米盛裕二（二〇〇七）『アブダクション——仮説と発見の論理』勁草書房

識を投入することができるかどうかが問われる。

現場への入り方

繰り返しになるが、グループ・ダイナミックスは、研究者自身が、様々なコミュニティや組織といった現場に入り込み、現場の当事者と一緒に現場の改善を行っていく実践的な学問である。それでは、研究者が現場に入るとはどういうことだろうか？　具体的なプロセスは、災害ボランティアの現場に入る場面として、第一章で体験として記述しておいた。ここでは、少しだけ抽象度を上げて、整理して見よう。

現場に入る際の失敗から考えるとわかりやすい。現場に巧く入れないということは、その場で、暗黙かつ自明となっている諸前提を理解していないということである。日常で使われている言葉で表現すれば、いわゆる「空気が読めない」失敗であり、研究者が「浮いている」状態であると言ってもよい。

実は、グループ・ダイナミックスは、「空気」を説明する。少し回り道になるが、もう一度、グループ・ダイナミックスの基本となる考え方を思い起こしてみよう。すなわち、グループ・ダイナミックスでは、人の内面に心が内蔵されているという常識的な考え方を捨てるということとであった。では、心はどこに存在するのだろうか？　それは、その時―その場で、眼前の、あるいは、過去の、さらにあるいは、未来の他の人々との間に存在する。無論、存在すると言っても、写真に写るような状態で存在するのではなく、まさに、空気のように存在するのである。ここで、特定の二人が向き合っている姿を想像してみる。心は、二人の間に空気のように存在する。今特定の二人を考えているので、これら二人を覆う「かや」をイメージするとよい。かやの中では、様々なコミュニケーションが交わされている。

ここで付加したいのは、グループ・ダイナミックスでは、コミュニケーションについても、常識と異なった考え方をとるということである。通常、コミュニケーションは、情報伝達であると考えられている。すなわち、コミュニケーションとは、個人や団体の内部に存在する情報が、個人や団体の外部にある媒体を通して、他の個人や団体の内部に伝達され、理解されるということだとされる。したがって、コミュニケーションが成立しないとすれば、発信者側で情報を正確に表現できないこと、情報を伝達する媒体に雑音（ノイズ）があること、受信者側で情報を正確に解釈できないこと、などが原因と考えられてしまう。

ところが、グループ・ダイナミックスでは、そもそも、個人の内部に存在する情報などというのは想定しない。したがって、このようなコミュニケーションは考察の対象外である。日常生活を素朴に振り返ってもすぐにわかるように、一見、正確な情報が、雑音のない媒体を通じて、理解可能な表現として伝達されても、実際には、何も通じていないということは誰もが体験することではなかろうか。

ここで改めて、われわれの日常生活を振り返ってみれば、われわれは、何かを伝えようとするときに、何を言うかということ、そして、何を言わないかということを予め暗黙のうちに選択している。選択とはいっても、心の内部に全ての選択肢が去来し、その中から一つの選択肢を選んでいるということではない。われわれが何かを伝えようとする場合には、広くは歴史・文化的環境、狭くは家族や友人どうしといった範囲で、何が妥当な選択であり、何が妥当でない（非妥当な）選択であるかを指示する作用が、「すでに」「予め」「前もって」暗黙の内に生起している。まさに「空気を読んで」いるのである。このような選択を支える規範（妥当・非妥当を指示する作用、かやのこと）は、通常、あまりに自明であり、明示的に語られることはない。しかし、この規範を逸脱すれば、いわゆる「空気を読まない」言動という風に解釈されることになり、コミュニケーションが成立していないと受け取られる。

結局、先ほどの二人の間でコミュニケーションが成立しているということは、二人が何らかの（ささやかな）規範＝かやに浸っているということである。一方、コミュニケーションが成立しないということは、規範が異なるということである。すなわち、同じ規範に包まれていないと、当該の場面において、いったい何を言い、何を言わないかということが共有できていないからコミュニケーションが成立しないのである。

ようやく、ここで、研究者が現場に入るという場面に話を戻そう。現場には、研究者がやってくる前から、様々な規範が存在する。精確には、様々な規範が生生流転している。現場にやってきた研究者も、もちろん、様々な規範に包まれている。そして、両者はほぼ確実に一致しない。そんな場面で、研究者が、いつも大学にいる時の姿勢で、何か発言するとすれば、「空気が読めない」といわれ、「浮いて」しまうわけである。

では、どうすればよいだろうか？　規範がやっかいなのは、その規範に包まれている人々は、その規範を明示的に語ることは困難（原理的には不可能）であるということである。もちろん、現場の規範だけでなく、研究者が包まれている規範も明示できない点では同様である。結局、時間をかけて、両者の規範をすり合わせていくしかない。災害ボランティアの場面では、もちろん、被災地の人々が積極的に研究者の規範に合わせていこうとは思わないだろう。したがって、研究者が現場に入る時は、自らの規範が異なることを承知しながら、時間をかけて、徐々に徐々に現場の規範に浸っていくしかない。言い換えれば、その場でできることを行うことから始め、そして、折を見て、自らの規範に沿った言動を加えて行くといったプロセスである。グループ・ダイナミックスにおいて、まずは協働的実践から始めるというのは、このような考え方があるからである。また、災害ボランティアが、まず、「ただ傍《そば》にいる」ことから始めるというのも同じ考え方を背景にもっている。

世阿弥は、秘された花（芸の核心）は、実は、ひたすら物まねによって習得されるとし、「風姿花伝」において、「物まねを極めて、その物にまことに成り入りぬれば、似せんと思ふ心なし」、すなわち、模倣を極めた時には、模倣していることを意識しなくなるとしている。ここまで、現場に入ることについて、グループ・ダイナミックスの考え方に基づいて、こころのありか、コミュニケーション、規範に浸るといったことから説明してはきたが、実践的には、現場で起こっていることを真似ることから始めるということが、現場に入る極意であることは、世阿弥の時代から変わっていない。

2 グループ・ダイナミックスは現場に何をもたらすか

グループ・ダイナミックスは、常識とは異なる考え方をとりながら、研究者自身が、様々なコミュニティや組織といった現場に入り込み、現場の当事者と一緒に現場の改善を行っていく実践的な学問であると述べてきた。本節では、どのように現場の改善を果たしていくのかという点に注目して、議論を進めておきたい。結論から言えば、グループ・ダイナミックスの成果は、現場で交わされる言葉の変化、ということは、現場で起こっている事柄を意味づけたり、新しい意味を生みだしたりすることによって、現場の人々の行動や考え方が変化していくことである。ここでは、こうした変化をもたらしうる媒体として、エスノグラフィーを採り上げる。

エスノグラフィー

協働的実践やアクションリサーチを行う研究者は、現場で、フィールドノートをとり、いくつかのノートを集約してフィールドノーツとし、理論的吟味を加えたり、実践的意義を見据えたりして、エスノグラフィーを執筆する。本書の第一章は、その試みでもあった。

エスノグラフィーは、これまで文化人類学や社会学や教育学といった分野で書かれてきた。中でも、文化人類学には、エスノグラフィーの様式、機能、意義などについて議論してきた歴史があり、「エスノグラフィー論」とでも称することのできる研究の蓄積がある。具体的には、「文化を書く」[8]を転機として、様々な議論が展開されてきた。[9]田辺繁治[10]は、こうした動きがエスノグラフィーの詩学と政治を生みだしはしたが、議論を、他者を描くためのレトリックの次元に還元し

8　Clifford, J. & Marcus, G.E. (1986). *Writing Culture : The Poetics and Politics of Ethnography*. University of California Press. 春日直樹・和邇悦子・足羽與志子・橋本和也・多和田裕司・西川麦子（訳）（一九九六）『文化を書く』紀伊國屋書店

9　例えば、藤田結子・北村文編（二〇一三）『現代エスノグラフィー――新しいフィールドワークの理論と実践』新曜社

10　田辺繁治（二〇一〇）『「生」の人類学』岩波書店

てしまい、対象となる人々の行為や実践への視点から乖離してしまったと総括している。ここでは、エスノグラフィー論の詳細に立ち入ることなく、そこで提示された諸問題を、グループ・ダイナミックスに関連する範囲で採り上げて、エスノグラフィーを書き、論じる際の論点を検討しておきたい。

文化人類学では、対象とした文化に関するエスノグラフィーを通じて、自文化を対象化し、相対化し、自文化の認識を深めるという姿勢がある一方で、対象とした文化に住む人々の社会運動に参画していく契機とすべきであるという主張[11]もあるという。確かに、異なる文化を理解する過程を通して、自らの文化を理解していくことは自然であるし、ある文化においては、支配構造に苦しむ人々が生活している場合があり、その解放へと向かう社会運動が組織される場合もある。

同様の議論は、様々な被災地におけるグループ・ダイナミックスに依拠する研究者と被災者の間でも生じる。グループ・ダイナミックスでは、協働的実践の過程を通して、「こんな社会にしたい」という思いを研究者と当事者が実践し、また、アクションリサーチを展開する。その成果として書かれるエスノグラフィーというテクストも、望ましい社会の実現に資することを目指して書かれることになる。

フィリピンのピナツボ火山噴火災害を調査した人類学者清水展が、「問題は、テクストの内部にあるのではなく、テクストとその外部にある」（九八頁）と指摘し、「現地からの批判の声や異議申し立てに対して、テクストの内部と外部で誠実で生産的な応答を繰り返してゆくことのなかでしか解決の方途は見いだせない」（八五頁）[12]と述べていることは、グループ・ダイナミックスにも当てはまる。すなわち、グループ・ダイナミックスでも、研究成果としてのエスノグラフィーを書けば、それで研究が終わるわけではない。引き続き、誠実で生産的な応答を積み重ねていくという実践が求められる。つまり、エスノグラフィーを介してさらに外部へと接続していくのである。言い換えれば、エスノグラフィーは、書かれた時から、協働的実践へ回帰するのである。

結局、エスノグラフィーは、グループ・ダイナミックスの実践と研究の途中経過を記したテクストである。だとすれば、いったん書かれたエスノグラフィーは、研究者のみならず、災害の当事者である被災者や現地の多様な人々、別の分野の研究者や歴史家、郷土史家といった様々な人々が参加して、改訂を繰り返すことを想定したテクストである。

清水展が、「実験的な民族誌のさまざまな試みは、必ずしも成功しているわけではない」（九七頁）[13]と総括するこれまでのエスノグラフィー論には、時代の制約もあった。すなわち、今や、様々

11 Enslin, E. (1994). Beyond Writing. *Cultural Anthropology*, 9, 4
12 清水展（二〇〇三）『噴火のこだま―ピナトゥボ・アエタの被災と新生をめぐる文化・開発・ＮＧＯ』九州大学出版会
13 清水展（二〇〇三）『噴火のこだま―ピナトゥボ・アエタの被災と新生をめぐる文化・開発・ＮＧＯ』九州大学出版会

な文書が電子媒体で公表されるようになって、多様な読者と共同して文書を改訂していく作業も行われているのだから、エスノグラフィーも、一人の筆者が、ある現場（複数でもよい）に行って、様々なポジショナリティのもとに、執筆して、公刊するという想定のみではなくなってきている。グループ・ダイナミックスがもたらすエスノグラフィーも、こうして改訂していくことが現実的になったばかりでなく、改訂の過程そのものを公開することもできるようになってきている。

その結果、現代のエスノグラフィーは、二重に開かれている。まず第一に、エスノグラフィーは、時間的に開かれている。例えば、二〇〇八年の四川大震災に関わったある組織について、異なる時期に、異なる筆者によって書かれた（少なくとも）二つのエスノグラフィーがある。[14] 新しい方のエスノグラフィーには、古い方には記述されていなかった出来事が新たに追記されている。今後も、この組織は、活動を継続していくし、この組織に興味をもって現地調査を実施する研究者も出てくるだろう。こうして同じ組織について次々とエスノグラフィーが綴られていくことは、エスノグラフィーが時間的に開かれていることを示している。

第二に、そしてさらに重要なことには、エスノグラフィーは、空間的に開かれている。この組織に関するエスノグラフィーを記すことができるのは、何も、これまでの著者らだけではない。実際、この組織には、国内外の多くの研究者が接触しているから、同組織に関する記述はあちらこちらにあり、今後、誰かがエスノグラフィーとして執筆する可能性は十分にある。こうして、同じ組織について、相異なる様々な人々がエスノグラフィーを執筆していくことは、エスノグラフィーが空間的に開かれていることを示している。

ここに、開かれたエスノグラフィーの新しい可能性が見えてくる。確かに、従来のエスノグラフィーであっても、続編は書かれることがあり、また、別の著者によって同じ現場が採り上げられることもあった。しかし、現在では、インターネットが日常のツールとなり、様々な情報が世界の隅々にまで瞬時に届きうる環境が整ってきている。さらに、人々は、そこに提供される情報を単に受けとるだけではなく、自ら発信することが極めて容易になっている。こうした環境の中で、エスノグラフィーのあり方も変容すると考えるのは自然であろう。

具体的には、まず、エスノグラフィーが電子化されることによって、細部に至るまで検索・参照した上で、同一現場に関する過去からその時点までに書かれたエスノグラフィーを一覧することが容易になるだろう。例えば、A村に関する複数のエスノグラフィーの中から、A村X集落を対象としたエスノグラフィーだけを抽出し、時系列で表示するようなことは容易にできる。そうすれば、X集落に関するエスノグラフィーが時間的に開かれていることが一目瞭然である。

14　陳穎・杉万俊夫（二〇一〇）「四川大地震被災地における中国ＮＧＯの救援活動―『ＮＧＯ備災センター』の事例」集団力学、二七、一三一－一五七、および、劉雁・渥美公秀・杉万俊夫（印刷中）「中国の災害ＮＧＯ―『ＮＧＯ備災センター』の事例」集団力学第二に、あるエスノグラフィーに対し、様々な人々が加筆することは、空間的に開かれたエスノグラフィーの可能性を存分に活かすことになるだろう。例えば、A村に関するエスノグラフィーをインターネット上に置かれた電子ファイルで読んだ人が、A村について自分が持っている情報を書き加える場面である。振り返ってみれば、Wikipedia をはじめとして、様々な情報提供者が既存の情報に加筆していくことによって、知を形成していくことは既に行われている。現代のエスノグラフィーが、こうした集合知[15]として成立する可能性は、もはや現実になりつつある。実際、先に例示した二つのエスノグラフィーは、電子媒体として誰もがアクセス可能である。

最後に、エスノグラフィー「論」が陥りがちな一つの問題にも触れておきたい。確かに、エスノグラフィーについて、著者のポジショナリティなどを議論し、様々な名称によってエスノグラフィーを分類していくことは意味があろう。また、現代的文脈において、エスノグラフィーについて論じることは必要であろう。しかし、ある現場での活動をもとに書かれたものがエスノグラフィーなのであれば、そのエスノグラフィーは、いかなる実践を生みだすのかということこそが、もっとも大きな問いである。エスノグラフィーが、時を経て継続し、様々な人々によって加筆され、そこから、実践活動が生まれ、その実践活動がまた新たなエスノグラフィーとして記述されていく。このような動的なエスノグラフィーのあり方、いわば「エスノグラフィー ing」、が現時点でのエスノグラフィーの大きな可能性の一つだと考えられる。

言語

グループ・ダイナミックスにおける協働的実践やアクションリサーチは、当事者と非当事者が一緒になってよりよい事態を目指して行う実践である。したがって、協働的実践の成果は、事態をよりよくする言説が吐けるかどうかによって決まる。言い換えれば、協働的実践では、現場の声（具体的な現象に対する自らの「意思」の「表出」であり、他者の中に行動を「喚起」する言説）がいかに鍛えあげられていくかがその帰趨を決する。[16]研究者から見れば、グループ・ダイナミックスの成果は、研究者コミュニティに向けた学術論文や専門書として表現することがまずもって求められる。一方、適切な言語化を経て、協働で実践を繰り広げた当事者コミュニティや別の現場へとインターローカルな知の交流を促すことも必要である。こうして、研究者が言語化を通して表現することは、当事者の声を鍛え上げていく回路の一つである。

筆者は、協働的実践の成果を研究者が表現する事態について三つの層に整理してきた。[17]第一

15 西垣通（二〇一三）『集合知とは何か―ネット時代の「知」のゆくえ』中公新書
16 杉万俊夫（二〇〇九）「人間科学における主観的言説の重要性」集団力学、二六、一‐一三
17 渥美公秀（二〇〇七）「協働的実践の成果表現における三層：減災コミュニケーションデザイン・プロジェクトを事例として」コミュニケーションデザイン、〇、一七一‐一八九

層は、観察言語である。例えば、災害現場に入るとき、あまりの被害に驚き、苦しむ被災者に心を寄せる。その時に吐かれる言説はこの層に属する。第一層は、「研究者の思い」とも表現され、素朴ではあるが、協働的実践を進めるに当たって欠いてはならない。

第二層は、理論言語である。この層は、二つの下位層で構成される。まず一つは、純粋理論言語である。物理公式などがここに入る。もう一つは、応用理論言語である。特定のパラメータをとり、式を展開し、ある特定の事態について表現する言説はここに入る。研究者コミュニティへの成果は、この層で行われる。

最後に、第三層は、実践言語である。協働的実践の成果を現場で語るとき、人々に通じなければ意味がない。協働的実践を通じて培ってきた研究者と当事者との共通言語を用いて、第二層の言説を翻訳して表現したものである。

ところで、グループ・ダイナミックスの協働的実践では、どうしても言語では表せないと感じる場面に遭遇することがある。そういう場面では、過剰な言語化[18]を回避したいものである。ただ、言語では表せないと感じる場面であっても、そこに詩的言語が見て取れる場合があり、これは、成果発信の一つの回路となりうる。観察言語、理論言語、実践言語の言説空間を構成する言語は、求められれば、それを発する側が、いくらでも行間を説明する言説を加えていくことができる（demonstrable）という特徴をもつ。一方、詩的言語とは、それを発する側が行間を埋めることができない（indemonstrable）、ないし、拒否する言語である。さらに、当事者の沈黙も協働的実践においては重要である。

グループ・ダイナミックスにおいては、当事者の言葉について、それが詩的言語であると積極的に認め、詩的言語のままで向き合うことの意義は大きい。例えば、詩的言語においては、科学言語と違って、具体―抽象という対比そのものが必ずしも意味を持たない。そこで、詩的言語は詩的言語のままに他の実践の現場へと伝えられる。無論、伝えられた詩的言語は、受け手に多様な解釈を許すことになる。詩的言語を詩的言語として提示して、その際に生じる様々な解釈（もちろん、多くの誤解）が、発信されることも一つの実践である。協働的実践を行った結果、詩的言語が発信されたのだとしたら、そして、それが現場の改善につながるとしたら、それでも構わないわけである。

他の分野でも詩的言語への注目が見られる。例えば、カッツとショッター[19]は、臨床場面においては、患者がふと漏らした言葉の持つ力によって、病いのより深い社会的・文化的背景へと進み得るとして、この力を議論する「社会的詩学」を提唱している。最近では、精神科看護の場から、

18　福島真人（二〇一〇）『学習の生態学―リスク・実験・高信頼性』東京大学出版会
19　Katz. A. M. & Shotter, J. (1996). Hearing the Patient's 'Voice' : Toward a Social Poetics in Diagnostic Interviews. *Social Science and Medicine*, 43(6), 919-931.

松澤和正[20]が、患者の言語表出を、単なる意味ではない詩的な言語あるいは美的な構成過程としてとらえ接近する可能性を論じている。詩的言語を受けとめ、（患者の）経験世界に触れる方法論としては、「内部者でも外部者でもありうるような動的で対話的なスタンスや、医学的な専門用語と患者の声とのあいだを常に架橋し、行き交い、折り合っていけるような姿勢（詩的・相互的用語法など）、それに病者の困難な日常の断片を見い出し引き出すことのできる詩的な言葉（poetic terms）への感受性とその使用」が必要であるとする。

グループ・ダイナミックスを推進するにあたり、詩的言語としての当事者の声が、詩的言語のまま伝播するという可能性をどこまで考慮するか、詩的言語で張られる言説空間の存在をどのように取り扱うか、ということが今後の課題の一つである。それは、ニュートンのリンゴの比喩を前に、それは甘いのかといった場違いとも思える問いに向き合うことかも知れない。しかし、日常の生活に焦点を当てる研究であればこそ、リンゴの甘さをも議論するような文体を模索していくことが求められている。それは、科学において詩的言語をどう扱うかという問いではない。科学的言説と詩的言語の併存する世界をどのように生きるかという問いである。

3　グループ・ダイナミックスの考え方で災害ボランティア活動の現場を見る

グループ・ダイナミックスには、我々が日常考えている常識を逸脱する考え方が含まれている。その最たるものは、「人の内面に心が内蔵されているとは考えない」ということであろう。実は、一見奇妙なこの考え方も、災害ボランティアが出会ういくつかの場面で極めて有効に使うことができる。本節では、災害ボランティア活動の現場で出会う問題として、被災者のニーズ、心のケアを採り上げ、災害ボランティア研究が注目する事柄として、動機と記憶を採り上げて検討する。ニーズも、ケアされる心も、動機も、記憶も、どれもが、一見、人の内面に内蔵されているように思える。しかし、そう考えたのでは、実践や研究が進まない。むしろ、一見、内蔵されているように見えるニーズ、心、動機、記憶を、人と人との間にあると考えてみることで、実践も研究も一歩進めることができるのである。一つ一つ説明しよう。

被災者のニーズということ

災害が発生すると、被災地では、通常、社会福祉協議会などによって、災害ボランティアセンターが開設される。災害ボランティアセンターでは、被災地のニーズを把握し、駆けつけた災害ボラ

20　松澤和正（二〇〇八）『臨床で書く—精神科看護のエスノグラフィー』医学書院

ンティアを受け付け、ニーズとのマッチングを図ることが想定されている。具体的には、被災家屋の片付けや避難所での物資配布の手伝いといったニーズにボランティアを効率的にコーディネートしていく。そして一定期間が経過すると、災害ボランティアセンターも閉鎖される。現在では、災害ボランティアセンターに関するマニュアルも整備され、迅速な開設と効率的な運営が志向されている。ここでは、災害ボラティアセンターの是非について問うのではなく、そこで暗黙のうちに前提されている被災者、被災地のニーズについて考えておこう。

被災者のニーズは、一見、被災者の側（被災者の内部）にあるように思える。もしそうであれば、被災者のニーズを把握するには、被災者に尋ねればよい。実際、災害ボランティアセンターでは「ローラー作戦」と称して、被災地域の住民に次々とニーズを尋ねて廻ることがある。その際、ニーズを後で整理するための「ニーズ受付票」が準備されていたりする。もちろん、ニーズを尋ねるといっても、まさか初対面の被災者に対し、「あなたのニーズは何ですか？」などと問うわけではないし、受付票を埋めることが目的ではないことは繰り返し確認されて作戦が展開される。

ただ、実際に、被災者に会ってみると、わかりやすいニーズとそうでないニーズに戸惑うことになる。例えば、全壊した自宅の前に呆然と立っておられる被災者に会ったとしよう。もちろん、住宅復旧というあまりに明らかなニーズが把握される。と同時に、言葉にはならない悲しさや悔しさの中で戸惑うばかりの被災者の姿が残る。事実、被災者にとってみれば、何がニーズかなどと問われても応えようがない。

実は、被災者に尋ねなくてもわかるニーズや、被災者に尋ねてみればわかる程度のニーズであれば、対応は簡単である。そうではなく、このように探しても見つからないニーズをどう捉えればよいのかということこそが課題である。

ここで、グループ・ダイナミックスの大前提を思い出そう。グループ・ダイナミックスでは、「人＝心を内蔵した肉体」とは捉えないで、心は、眼前の、過去の、あるいは、未来の他者との関係で紡ぎ出されると考え、人々がかやに包まれていると考えるのであった。被災者のニーズについて考える場合にも、ニーズが被災者の内部にあるというそもそもの前提を疑ってかかることになる。

このことは何も不思議ではない。被災者になった途端、被災者の内部にニーズなるものがくっきりとした輪郭をもって現れてくるのではないし、被災者には朧気に見えつつもそれが何であるのかわからずにいることがニーズであったりする。

では、ニーズはどこにあるのだろうか？　ニーズも人と人との間に存在する。具体的には、被災者と災害ボランティアとが一緒になってニーズを作り上げていくのである。作り上げるというのが不自然であれば、被災者と災害ボランティアが一緒になって発見していくのだと考えてもよい。

ところで、災害ボランティアは、被災者の「ただ傍《そば》にいる」のであった。災害ボランティアは、文字通り、被災者の傍《そば》にいるだけであって、被災者に積極的に働きかけるわけではない。しかし、その間に何も起きていないわけではない。事実、ただ傍《そば》にいる時間がある程度積み重なってくると、被災者から小さなつぶやきが聞こえることがある。被災者にとってみれば、次々と展開する毎日に翻弄される中で、「ただ傍《そば》にいて」くれる災害ボランティアの存在は現状を見つめる契機となりうる。そのことによって、おもむろに語り出せることがある。被災者のつぶやきは、被災者が内蔵していたニーズをようやく口にしたというよりも、ただ傍《そば》にいる災害ボランティアとともに時を過ごした先に探り当てた事柄である。

実践的には、この考え方は、災害ボランティアセンターの閉鎖にも役立つ。通常、被災者のニーズが解消された時点で、災害ボランティアセンターは閉鎖される。閉鎖宣言が出されると、被災者や災害ボランティアからは、まだまだニーズがあるのになぜ閉鎖するのかとの疑問が出されることもしばしばである。言い換えれば、通常のニーズ調査によって把握されるようなニーズは解消されるのが早いので、災害ボランティアセンターはその任務を果たしたとして、閉鎖されるが、現場を歩いている災害ボランティアは、被災者との間で次から次へとニーズを構築しているため、ニーズが解消されたなどという感覚を持ち難い。その結果、災害ボランティアセンターとの間に齟齬が生じることになる。

どうすればよいかは明白である。災害ボランティアセンターは、被災者の声はもちろんのこと、現場を歩き回っている災害ボランティアの声にもっと耳を傾け続ける必要がある。それは、たとえ災害ボランティアセンターの看板を下ろしても続く長い過程なのだということを認識すべきである。ただ、究極的には、災害ボランティアセンターの閉鎖と被災者のニーズの解消とは一致しない。時間的にも空間的にも、物理的にも精神的にも無限の多様性をもつ被災者に対し、有限の制度によって覆い尽くそうとしてもそれは不可能だからである。必ず、覆いきれない部分に被災者が残される。災害ボランティアが展開する活動は、そうした部分に残された被災者にこそ向けられる。

心のケアということ

グループ・ダイナミックスでは、心が人の内面に内蔵されていないと考えるのであった。それでは、心をケアするということは、グループ・ダイナミックスではどのように考えるのだろうか？まず、心のケアという言葉が使われ始めた一九九五年の阪神・淡路大震災に立ち戻って検討してみよう。

阪神・淡路大震災を契機に、「心のケア」という言葉がマスコミを賑わした。災害に遭遇した心は、ケアされうるもの、さらには、ケアされねばならないものとして考えられ、ＰＴＳＤ（心的外傷後ストレス障害）という専門用語までが巷にあふれるありさまだった。確かに、「心のケア」という言葉のおかげで、災害が人々の心理に与える影響を考える機会が準備され、実際に様々なケースに対応していった点は評価されるべきである。しかし、「心のケア」という何ともあたたかく優しい響きのする言葉が一人歩きし、「心のケア騒動」とでも呼べる状況に発展した面もあった。

阪神・淡路大震災後の心のケア（騒動）に問題があったことは、臨床心理学に近い立場の論者からも指摘されている。まず、心のケアの現場に対する批判がある。例えば、大野光彦[21]は、阪神・淡路大震災の被災地で、心のケアの専門家とされる臨床心理士の闖入に対して被災現場は拒否的であったという報告[22]を紹介している。実際、避難所や仮設住宅では、いかにも専門家だという姿勢で被災者に接したために、被災者に受け入れられず、むしろ生活経験豊かな被災者の方が、はるかに有為な接し方をして安心を提供してきたと報告している。

次に、心のケアの批判は、心のケアが生みだしたとされる心理主義にも向けられる。例えば、小沢牧子[23]は、心のケアに注目が集まったおかげで、心理産業が成立し、相談者のための援助、相談者を中心とした支援を標榜しながら、実は、一段上から相談者を見下ろし、相談者本人の思いや実際の生活のあり方を軽視するようになったと指摘している。また、臨床心理士などの資格認定機関をつくって「こころの専門家」を増やし、心理産業を繁栄させようとするのも、被災者のためではなく、専門家自身のためにすぎないと手厳しい。実際、「心のケア」は、プラスティックワード（多義性、歴史性、場所性が失われた空虚な言葉であるにも拘わらず、いや、だからこそ、新しいたった一つの使い方が暴力的に提示され、日常の具体的な生活世界を改変していく）[24]として機能し、中央志向、資格志向、専門家志向をもち、公的センターを開設し、仕事を生み出していく。その「結果として」、心のケアの対象者が「生みだされて」いるとさえ言えるのではなかろうか。

最後に、心のケアが何らかの治療実践になぞらえようとして心の病を措定したことへの批判がある。その代表的なものが、ＰＴＳＤである。実は、ＰＴＳＤについては、脳科学から神経レベルでの研究も進んでいるが、「ＰＴＳＤは政治的に構築されている」[25]といった主張も無視できない。具体的には、アメリカにおける退役軍人への補償制度と診断基準の問題などが絡むようである。最近では、トラウマがあればＰＴＳＤになるということ自体、確実ではないという指摘[26]が出され、

21　大野光彦（二〇〇〇）「阪神大震災／ＰＴＳＤ／心のケア」日本社会臨床学会編『カウンセリング・幻想と現実　下巻　生活と臨床』現代書館、一二一－一五〇頁

22　東山紘久（一九九六）「コミュニティの中の臨床心理士の役割」岡堂哲雄編『被災者の心のケア』至文堂、一八七、および、倉戸ヨシヤ（一九九六）「ボランティアが直面した心の問題」岡堂哲雄編『被災者の心のケア』至文堂、一七四

23　小沢牧子（二〇〇二）『「心の専門家」はいらない』洋泉社新書

24　ペルクゼン（二〇〇七）『プラスチック・ワード』藤原書店

25　Young, A. (1995). *The Harmony of Illusions : Inventing Post-Traumatic Stress Disorder*. New Jersey: Princeton University Press.

26　McNally, R. (2003). Progress and Controversy in the Study of Posttraumatic Stress Disorder. *Annual Review of Psychology*, 54, 229-52.

トラウマが症状に結びつくといった根本的な仮定に対して経験的な支持は得られていないとする研究[27]まで報告されている。ただし、グループ・ダイナミックスとしては、臨床心理学、精神医学におけるこうした論争にこれ以上立ち入らず、より原理的な批判を展開しておきたい。

心のケアが推進されるときも、批判されるときも、対象となっている「心」は、個人に内在すると暗黙のうちに、しかも、強固に想定されている。ケアされるべき（とされる）「心」は果たして個人の内にあるのだろうか。「いいえ」と即答する前に、心のケアの文脈で、少し考えてみよう。

私たちは一人一人のどこか（胸の中？　脳の中？）に「心」なるものが存在すると普通考えている。そしてそんな人々が集まって社会が構成されていると考えている。マスコミを賑わした「心のケア」論もこの大前提に立っていた。このような「心」の存在を前提とすれば、次のような発想が導かれるのも無理はない。すなわち、災害によって、被災者個人の内部にある「心」（というもの）が傷ついた。したがって、傷を治すために、その個人に対する救援が必要だという発想である。

しかし、一人一人の内に「心」が存在するという、この一見当然と思える前提は、一九世紀半ばになってようやく出てきた特殊な考え方であるし[28]、素朴に日常生活を振り返っても「心」は、社会の中で取り結ぶ人間関係の現れとして現出すると考えることに何も不自然さはない。「心」が個人の内面にあるのではなく、人と人との関係において展開するという主張は、社会構成主義に基づく様々な著作[29]で繰り返し述べられてきたことでもある。実は、グループ・ダイナミックスは、これらの立場を継承しているのである。

したがって、「心」をケアしようとするならば、「心」を析出する社会的文脈に配視し、そのケアについて方法を模索すべきである。本来の心のケアは、被災者が生きてきた地域社会や様々な共同体という集合体が再構築されていく過程を、被災者とともに構築することによって支援していくものであるはずだ。

心のケアにおいて、「心」の大前提が間違っていることは、何も専門家に指摘されるまでもなく、被災者の多くが気づいていたことでもあろう。さらに、大野光彦[30]は、被災者が何も心のケアシステムが脆弱だから怒っていたわけではなく、社会システムの脆弱さを専門家ありきの心のケアで補足しようとする魂胆に怒っていたのであると喝破している。

心のケアの実践を考える場合、結局、誰のための活動か?ということが忘れられていることこ

27 Rosen, G.M., & Lilienfeld, S. O. (2008). Posttraumatic Stress Disorder : An Empirical Evaluation of Core Assumptions. *Clinical Psychology Review*, 28, 837-868.
28 實川幹朗(二〇〇四)『思想史のなかの臨床心理学―心を囲い込む近代』講談社
29 例えば、Gergen, K. J. (2009). *Relational Being: Beyond Self and Community*. New York : Oxford University Press. など
30 大野光彦(二〇〇〇)「阪神大震災/PTSD/心のケア」日本社会臨床学会編『カウンセリング・幻想と現実 下巻 生活と臨床』現代書館、一二一―一五〇頁

そが問題である。まず、心理臨床の専門家（あるいは、心理臨床に関るボランティア）であることを明示した腕章を付けて避難所を巡回し、被災者の話を聞くのであれば、「心のケア」の専門家であるということを戦略的に忘れ、避難所に長期的に滞在しながら、徐々に専門性を発揮すべきではないだろうか。具体的には、避難所に行けば、まず、水汲みやトイレ掃除といった通常の救援活動を行うことから始め、避難者と同じ生活を送る。その時に、心理臨床家であることを忘れきってしまうのではないが、「戦略的に」忘れて活動する。避難者もそのような姿を見て初めて、信頼して話のできる人だと認識するであろう。ここに、専門家と避難者との関係の萌芽が見られることになる。そもそも、優れた心理臨床家ならば、一般的な救援活動の中でのふとした会話の中からケアの必要になりそうな人を見抜いていくスクリーニング能力をもっているはずだ。時間が経つにつれ、心理臨床家の専門性を発揮すべき事態に直面すれば、そのときこそ、戦略的に忘れておいた心理臨床家としての立場を活かすのである。ここにも、グループ・ダイナミックスの協働的実践から始めよという姿勢は生きている。

災害ボランティアの動機

災害救援活動に参加した理由をボランティアに尋ねてみる。被災者を助けたいから、災害に遭ったとき助けてもらったから、自分の技能を活かしたいから、など様々な答えが返ってくる。どれも納得がいく参加理由だと思う。もちろん、宗教的な理由で参加する人もいるだろうし、友人に誘われて仕方なく参加する人もいるかもしれない。筆者自身、阪神・淡路大震災で被災し、被災地に戻ってボランティア活動に参加した自分自身の体験を振り返れば、災害の一報を聞くと、いてもたってもいられず、被災者の苦しみの傍《そば》にいよう、そこから立ち去らずにいようという気持ちで、災害ボランティア活動に参加してきたように思うが、参加した理由をうまく語ることはできそうにないという実感もある。

災害ボランティアへの参加動機が多様であるなら、アンケート調査を行って最頻値を求めたり分類したりすればよいように思われる。しかし、グループ・ダイナミックスでは、そうした調査は重視していない。なぜなら、そもそも、災害ボランティアの動機を問うことに対して、独特の考えを持っているからである。

まずは、災害ボランティアの声に耳を傾けてみる。災害ボランティアの活動現場に一歩踏み入れてみると、「いてもたってもいられなくて」とか、「特に理由はないんですが、来てみました。」といった声があちらこちらから聞こえてくる。災害ボランティアは、何も動機を隠そうとしているのではないし、動機を語る言葉を知らないわけでもない。事実、アンケート用紙が配布され、動機を回答する場面に遭遇すれば、「被災者を救援したかったので参加した。」、「自分の技術を活かすために参加した。」という具合に回答することができる。しかし、通常の会話では、「ただただやって来た」という風に語り、特に明確な動機なるものを口にすることは少ない。

日常生活を振り返れば、しばしば行為を完了した「後になってはじめて」、あるいは、動機を「問われてはじめて」、その行為を行った動機に気づくという体験をもっているのではなかろうか。だとすれば、「行為の動機は、それを問われたときに、その場の文脈に合わせて構成される」と考えても不思議ではない。つまり、動機は、人々の身体内部に隠されているのではなく、人々が交わす（広義の）会話の中で、構成される。動機は、特定の歴史・文化的文脈のもとで語られる。より局所的には、動機を問う者（例えば、研究者）と動機を問われる者（例えば、ボランティア）がその場において協働で構築していく物語である。

ケネス・ガーゲン[31]は、動機について興味深い考察を展開している。まず、われわれは、絶えず変化する人間の行為をそのまま記述することはできない。そこで、一連の動作の終点を表現する語彙を用いて行為を記述していく。次に、行為の終点を行為者に結びつけ、行為者が行為の終点を作り出したかのような形で記述する。このようにすると、終点を記述する用語が、あたかも、個人の内面にある動機を指しているかのように思い込むことになる。こういった言語的慣習が、人間が動機を所有しているかのように語ることをわれわれに許しているから、われわれは動機を語っているつもりになることができるのである。「人間行動に付与されている、力、動機、意思、要求、欲求、衝動等の『心の内容』は、実体としては存在しない。それらは、言語的な実践を通じて物象化されたからこそ、実在するかのように見えるだけである。これら『心の内容』は、基本的には、人間のコミュニケーションを通じてつくられた副産物なのである」（訳書一〇六頁）。

行為者本人にとっても同じことが言える。同じくガーゲンによる「行為者もまた、社会的に許容されたことだけを口にすることができるのである。これは、その解釈が、経験的に妥当か否かとは関係がない。社会的な慣習から外れたことを言おうとすると、文脈に沿って、多くの説明を付加しなければならない、というだけのことである。」（訳書八六頁）という指摘は示唆的である。

結局、研究者が、災害ボランティアに活動への参加の動機を尋ねる場面では、研究者と災害ボランティアが協働して、物語を編む。この物語は、災害ボランティア自身にも研究者自身にも了解可能である。彼らは、互いの身体に内蔵された心を探索し、要素を持ち出し、合意を図っているのではない。彼らは、その時その場で、相互に了解可能な物語を紡ぎだしているのである。そして、そこで語り出された物語は、より広い範囲において了解される可能性をもってはいるが、それは必然ではない。

もし、研究者と災害ボランティアとの関わりが浅く、協働的な関係が醸成されていない場合に

31 Gergen, K. J. (1994). *Toward Transformation in Social Knowledge*. 2nd ed. London : Sage. 杉万俊夫・矢守克也・渥美公秀監訳（一九九八）『もう一つの社会心理学―社会行動学の転換に向けて』ナカニシヤ出版

は、災害ボランティアから、「他の人々を援助するために活動に参加する」といった短い語りしか聞かれることはないだろう。しかし、研究者が災害ボランティアとの協働的な実践を深めるにつれて、双方が納得できる内容のある物語が語られることになる。結局、災害ボランティアの動機とは、この物語である。そして、一見、災害ボランティアに内蔵されているように思える動機も、それを問う者（研究者）との関係のあり方によって変化する。

災害の記憶ということ

最後に記憶の問題を考えておきたい。記憶という領域においてまで、人の内面に内蔵されていないというグループ・ダイナミックスの考え方は有効なのだろうか？

災害の記憶を伝えるべきだという声は高まってきている。筆者は、西宮市で被災したため、震災の記憶を伝えることの重要性は肌で感じ取っているつもりである。ただ、素朴に振り返ってみても、私という語り手の皮膚界面内に何か伝えたい「モノ」があって、私がそれを思い起こし、聴き手に一方的に伝えるという風に考えると、どうも違和感が残る。被災した人たちと、あるいは、被災者・被災地に思いを馳せてくださる方々との間で、互いに頷きながら、時に涙ぐみながら、何かに向けて協働で想起する時にだけ、震災の記憶が伝わるという実感をもつというのが正直なところである。

　こうして震災の記憶を伝承する際の実感を頼りに考えてみると、結局、震災の記憶の伝承とは、私の身体内部にあの風景や痛みが記憶（memory）として宿っていて、それが走査（scan）、探索（search）、検索（retrieve）されるわけではない。また、探し当てられた記憶が私の身体を離れ、何らかの媒体を経由して相手の身体内部に宿れば、伝わったというわけでもない。震災の記憶の伝承とは、諸個人の身体内面のやりとりではなく、震災を協働で想起（remember）し続ける行為のことである。震災の記憶を伝承するためには、まずもって、ともに想起してくれる人や対話の場が継続的に要請されよう。

　心理学の伝統的な考え方によれば、記憶は、脳や身体内部に貯蔵された情報とその個人的な再生である。記憶には、コード化、貯蔵、検索という三つの段階があると考えられ、認知心理学において現在まで様々なモデル化が図られてきている。この立場に立てば、記憶の伝承とは、皮膚界面内にコード化されて貯蔵された情報を検索して取り出し、外界の媒体を通じて、相手の皮膚界面内にコード化を引きおこしてそこに貯蔵されることにほかならない。

　もちろん、こうした伝統的な心理学に基づく考え方に対して、異を唱える動きも、古くからあった。まず、記憶は貯蔵された静的な痕跡ではなく、想起という行為であると捉える動きがあった。具体的には、バートレットが先鞭をつけ[32]、日常的な場面での記憶へと目を転じさせたナイサー[33]、そして、アルバックスの集合的記憶（collective memory）論[34]を経て、ペンベイカーらの歴史的記憶の研究[35]、ミドゥルトンとエドワーズややワーチによる集合的想起（collective remembering）の研究[36]へとつながる流れである。

わが国でも、裁判をフィールドとして展開する供述心理学の成果[37]があり、語り部活動も集合的な想起研究の一つと位置づけることができる。これら諸研究は、決して身体内の貯蔵情報には回収されない記憶とその伝達を論じた秀逸な成果である。

物語設計科学としてのグループ・ダイナミックスでは、何かを当事者とともに想起するというときには、想起自体が協働的実践の一部であり、何らかの変革に向けた目標が伴っている。無論、目標が想起の後から理解される場合もあることは指摘するまでもない。こうした協働的実践の一部として行われる想起を、単に複数の人々が想起するという意味での集合的想起と区別して、協働想起（collaborative remembering）と呼んでおく。

協働想起は、広義の対話で構成されている。同一人物たちによる協働想起であっても、その時その場で対話として遂行されるので、想起される内容も形式も異なってかまわない。協働想起への参加者が異なれば、さらに異なる想起が行われる。まず、協働想起の現場では、当然ながら、語られなくても暗黙かつ自明な記憶もあれば、論理的にせよ、情緒的にせよ、語るに語れない記憶もある。災厄の体験を巡って協働想起が行われるときには、とりわけ沈黙にも意味がある。記憶は語られ記録されなければならないといった単純な姿勢は回避すべきである。したがって、協働想起の場面では、そこで生じる発話に耳を傾け、内容はもとより発話の様式やジャンルに注意を払いつつも、そこで言われていないことや、「何かではない」といった風に否定形でしか言われていないことにも注目していく。言われていないことや対話のスタイルは、暗黙かつ自明の前提として、その対話＝協働想起を雄弁に支えているからである。

協働想起の実践には、痕跡や慰霊碑、そして博物館といった場は有望である。例えば、神戸市にある「人と防災未来センター」では、語り部ボランティアが活動しており、対話を通して来館者とともに集合的想起を喚起している。[38] こうした活動から、単に複数の人々が痕跡・慰霊碑・

32　Bartlett, F. C. (1932). *Remembering : A Study in Experimental Social Psychology*. Cambridge : Cambridge University Press. 宇津木保・辻正三訳（一九八三）『想起の心理学』誠信書房
33　Neisser, U. (1982). *Memory Observed : Remembering in Natural Contexts*. San Francisco : Freeman. 富田達彦訳（一九八八／一九八九）『観察された記憶―自然文脈での想起（上）（下）』誠信書房
34　Halbwachs, M. (1950). *La mémoire collective*. Paris : Presses Universitaires de France. 小関藤一郎訳（一九八九）『集合的記憶』行路社
35　Pennebaker, J.W., Paez, D. & Rimé, B. (1997). *Collective Memory of Political Events : Social Psychological Perspectives*. New Jersey : LEA.
36　Middleton, D. & Edwards, D. (1990). *Collective Remembering*. London : SAGE. Wertsch, J. V. (2002). *Voices of Collective Remembering*. Cambridge : Cambridge University Press.
37　例えば、大橋靖史・森直久・高木光太郎・松島恵介（二〇〇二）『心理学者、裁判と出会う―供述心理学のフィールド』北大路書房

展示物・語り部とともに集合的想起をするだけでなく、震災の記憶を伝承するという目的に向けた協働的実践＝協働想起を展開していく可能性が拓ける。今後は、震災にまつわる様々な場で、批判的な言説を十分に咀嚼し、モノや語りを通して、震災の伝承にむけた協働的実践＝協働想起を展開していくこと、そのことが、震災を伝承していく実践となるだろう。単なる集合的想起ではなく、協働想起という新しい用語を持ち出す所以である。

最後に、協働想起の特徴について整理しておこう。まず第一に、協働想起には、定義上、想起の目標が伴っているとしているが、目標が想起の後から理解される場合もあることに注意しておきたい。協働的実践においては、ある実践を行ってから、事後的に目標が認識される場合があるからである。

第二に、協働想起は、通常、過去の出来事に関する想起であるが、出来事について、いわゆる客観的な真実・真偽を問うことに関心のある概念ではない。実際、同一人物たちによる協働想起であっても、その時その場で対話として遂行されるので、想起される内容も形式も異なってかまわない。協働想起への参加者が異なれば、さらに異なる想起が行われる。

第三に、想起という言葉からは奇異に聞こえるが、協働想起には、未来を想起するという現象がある。例えば、協働的実践の一環として、将来のある時点での出来事を想定し、その時点に身を置いて、現在を想起するという場合がある。

第四に、協働想起は、通常、言語による対話によって行われるが、歌や踊りなどのパフォーマンスを介した協働想起もある。同窓生と校歌を歌ったり、学校行事で練習した踊りを再現したりする場面は、誰しも経験していることでもあろう。

最後に、協働想起は、協働的実践の過程において自然に生じるだけでなく、意図的、戦略的に生じさせることを試みる場合がある。典型例として、慰霊碑や博物館での取り組みがある。

東日本大震災から時間が経つにつれ、ここに記した協働想起の考え方は、実践的にもさらに意義を帯びてくるものと考えている。

おわりに

本章では、災害ボランティアを研究する枠組みとして、グループ・ダイナミックスの考え方を紹介してきた。グループ・ダイナミックスは、他の学問領域と同様に、現在も理論的な展開が進行している。ここでは、現段階において、まだ災害ボランティアの現場を描くことのできない例をグループ・ダイナミックスの今後の課題として二つだけ指摘しておきたい。

38　高野尚子・渥美公秀（二〇〇七）「阪神・淡路大震災の語り部と聞き手の対話に関する一考察―対話の綻びをめぐって」実験社会心理学研究、四六、一八五－一九七まず第一に、現在のグループ・ダイナミックスは、言語偏重の傾向にある。グループ・ダイナミックスも、広い意味での言語論的転回の潮流に乗って理論的展開を図り、成果をあげてきた。しかし、災害ボランティアの現場に身を置くと、言語化すべきではないと思える場面にも出会う。例えば、悲しみにくれる被災者にとって、言語が何ら役に立たない場面があることは容易に想像できよう。

第一章で紹介した「聴き書き本」を思い出して頂きたい。自らの悲しい体験を言語化しようと格闘されていた女性の話である。約一〇ヶ月に及んだ修正と清書の繰り返し。そして、最終的な原稿の破棄。彼女にとって、言語化とはどういう意味をもっていたのだろうか。もちろん、筆者がこの過程を記述（言語化）する研究を行うこともできるかもしれない。しかし、そのことは、彼女にとって何の意味があろう。むしろ、言語化せずにそのままでいること、その現実に寄り添うことの方が、よほど大切なように思われる。言語化しないことの積極的意義をグループ・ダイナミックスはまだ見いだせていない。

第二に、現在のグループ・ダイナミックスは、人間偏重の傾向にある。何も人間を軽視せよという話ではなく、人間と自然、あるいは、命あるものとモノとの関係が十分に深められているとは言えない。実際、災害ボランティアの現場に身を置くと、当然ながら、被災者の姿に最大限の注意が注がれる。しかし、海や山は単に被災者の周囲にある環境に過ぎないだろうか。畑や乗り物は、単に被災者に付随するモノだろうか。

やはり第一章で紹介した「写真班」を思い出して頂きたい。津波に洗われて流され、沿岸に残った写真は、多くの人々を惹きつけていた。まさに、写真が、人々を惹きつけていたという表現がぴったりである。また、津波が襲った直後の街には、瓦礫と呼ばれるありとあらゆるモノが圧倒的な質感をもって悲劇の痕跡を留めていた。災害ボランティアは、瓦礫を片付ける作業を行ったが、瓦礫と呼ばれているモノの群が災害ボランティアを動かしたと表現することも不自然ではない。

現代社会において、災害は、画一的に考えられてきた。すなわち、自然と人間を対置し、自然が変化することによって、人間に影響が及ぶことが災害だと解釈され、災害に抗して行くには、自然と対峙していくことが当然視される。言い換えれば、我々は、自然と人間を二項として捉え、人間を偏重する世界観のもとで生きている。しかし、自然と人間との関係は、本来、もっと多様であってもよいはずである。科学社会学や人類学の分野[39]では、モノと人との同権を前提とした理論的検討が重ねられているが、グループ・ダイナミックスにいかに組み入れていくかが課題である。

これまでのように、災害ボランティアだから被災者に注目し、研究者だから言語化が仕事というだけでは、あまりに偏狭である。かといって、単純に、災害ボランティアがモノにも注目し、

39　例えば、ブルーノ・ラトゥール（二〇〇八）『虚構の「近代」――科学人類学は警告する』産業図書

研究者が言語化しないといった陳腐な動きを作っても、まさか事態は改善されない。いかに過剰な言語化を回避し、いかにモノの意味を（も）追求していくことができるか、ここにグループ・ダイナミックスの最前線があると考えている。

第三章

災害ボランティアの二〇年

はじめに

「ボランティア元年」と称された一九九五年から約一〇年の間に、災害NPOが全国各地に設立され、互いにネットワークを組んで日頃から情報交換をするようになった。どこかで災害が発生すれば、災害NPOが現地に向かい、地元の行政や社会福祉協議会との調整を経て、現地に災害ボランティアセンターを開設する。災害ボランティアセンターに関する情報は、マスメディアや災害NPOのネットワークを通じて広報され、全国から災害ボランティアが現地に駆けつける。災害ボランティアセンターでは、駆けつけた災害ボランティアを受け付け、被災家屋の片付けや避難所での物資配布の手伝いなどに参加してもらえるよう効率的なコーディネートを行う。こうして一定期間が経過すると、災害ボランティアは被災地を去り、災害ボランティアセンターも閉鎖される。これが災害ボランティアを巡る被災地での標準的な動きであった。

阪神・淡路大震災から一〇年を経過する頃から、災害ボランティアの活動は、活動時期も活動内容もどんどん広がりを見せてきた。例えば、二〇〇四年の新潟県中越地震の被災地では、緊急時の災害救援活動だけではなく、現在も被災地の復興に携わるボランティアがいる。また、二〇〇七年に発生した中越沖地震では、いくつかの災害NPOが、被災者はもちろん、地元で援助する側にまわった社会福祉協議会職員などからじっくりと話を聴くという寄り添いプロジェクトを進めた。そうして、二〇一一年、東日本大震災が発生した時には、災害ボランティア活動は、被災者への寄り添いを中心とした活動と、広域にわたる被災地を見渡して展開する大規模な活動の二軸に沿って展開する兆しを示していた。

本章では、阪神・淡路大震災に端を発する災害時におけるボランティア活動の約二〇年間に及ぶ経緯を整理する。そして、阪神・淡路大震災から二〇年目となる現時点で、災害ボランティアと災害ボランティアを取り巻く環境がどのように移り変わってきたと言えるのか、そこに見られた問題は何か、解決への希望はあるのかといったことを述べる。

なお、この整理は、阪神・淡路大震災で被災して以来、筆者が各地の災害現場に身を置いて行ってきた長期的なフィールドワークを踏まえたものである。各地の被災地で、実際に災害ボランティア活動に参加しながら、一緒に活動する災害ボランティアや災害NPOの方々とその都度その都度議論してきたことが考察の基盤となっている。しかし、以下の整理は、もとより、災害ボランティア活動の全貌をくまなく把握して整理したものではないし、そこから導き出す課題とそれへの応答の責任は筆者だけに帰属する。筆者としては、阪神・淡路大震災からの経緯を単に回顧するのではなく、二〇年間に見られた諸問題を指摘し、現在の災害ボランティア活動のフロンティアを同定することを目指したい。

1　一九九五年「ボランティア元年」から二〇〇四年新潟県中越地震まで

「ボランティア元年」

阪神・淡路大震災の救援活動には、延べ一五〇万人ものボランティアが参加した。これほど多くのボランティアが全国各地から災害現場に駆けつけることは、それまでには見られなかったことだった。そこで、現場では、思い思いに駆けつけるボランティアをコーディネートして、ある程度、効率よく動くことが求められた。しかし、ルールがめまぐるしく変化する中で、その場その場で判断し活動していくしかない場面が連続した。一方、効率などとは縁遠い活動も多々あった。被災された方々の傍《そば》にいて話を聴くといった活動もその一つである。

阪神・淡路大震災の救援活動に参加したボランティアからは、「私が被災者の方々に助けられている気がした」といった趣旨の言葉を多く聞いた。災害救援の現場は、既存の規範が一時的にせよ崩壊し、臨機応変な対応が求められる中で、助け助けられる立場の反転が容易に生じる現場である。実は、この反転を経験することは、目の前の風景や被災という事態を偶有性（他であるかもしれない）のもとに感得する経験となる。助けられているのは私かもしれない、震災に遭ったのは私なのかもしれない、と感じる瞬間を体験することが、被災地で、「ただ傍《そば》にいること」から始まるボランティア活動の原点ではないかと考えている。しかしながら、実のところ、このことの大切さに再び気づくにはその後一〇年以上の年月を要した。

災害ボランティア活動の空間的拡大

災害時のボランティア活動は、一時のブームではなかった。阪神・淡路大震災以降も、毎年のように全国各地で災害が発生したが、そこには全国各地から駆けつけるボランティアの姿があった。全国各地の災害救援活動にボランティアが参加するようになったことは、災害時のボランティア活動の空間的拡大ということができよう。

災害ボランティアの空間的拡大に拍車をかけたのは、一九九七年に発生した重油流出事故だった。寒い海岸で漂着した重油を掬い上げるという作業は、決して気軽にできることではないが、作業そのものは、表面的には、比較的単純でもあり誰にでも参加できるボランティア活動として多くの人の目に映った。また、各地で発生する水害も一つ一つは人命に関わる大災害ではあるが、通常、甚大な被害の出た地域が限定されているために、そこでボランティアが集中して作業をすれば片付いていく。また、作業内容も泥出しなど、表面的には、比較的単純な作業の繰り返しであるために、多くの人々にとって参加しやすいように思える活動である。こうして、災害が発生すれば、ボランティア活動に参加することは、段々と不思議なことではなくなっていった。

災害ボランティアの秩序化

災害ボランティア活動が空間的に拡大し、全国各地で災害ボランティアを含んだ災害救援活動が展開されるにつれ、災害ボランティアを社会に定着させていく動きも現れてきた。一九九八年から特定非営利活動促進法が施行されたのもその一つである。これは、災害ボランティアのみを対象としたものではないが、阪神・淡路大震災における救援の経験をもとに、NPO（非営利組織 Non-Profit Organization）を立ち上げる動きが生じていたことに呼応していることは事実である。この頃から、この法律に基づいて、災害時にボランティアをコーディネートすることを視野に入れた特定非営利活動法人（NPO法人）が各地に発足した。

一九九八年南東北・北関東水害の頃からは、全国各地から参加するボランティアを受付け、必要とされている場所へ「派遣」する災害ボランティアセンターが、地元行政や社会福祉協議会と災害NPOが協力して開設されるようになった。とはいえ、当初は、災害NPOも救援現場で他の災害NPOと出会うことがあっても、その場限りの関係しか保てなかった。そこで、救援活動に参加する災害ボランティアの活動をより効率的に展開し、そこで得た経験や教訓を共有していくために、災害NPOの全国規模のネットワークが複数形成されるようになった。災害NPOのこうした活動が繰り返されることによって、「災害が発生すれば、災害ボランティアセンターを拠点として、災害NPO・ボランティアを含んだ災害救援活動が展開される」ということが、各方面に浸透していった。

また、二〇〇〇年頃から、災害NPOは、行政機関との会合にも定期的に参加するようになり、各地の防災計画にも災害ボランティアや災害NPOという言葉が見られるようになった。さらに、有事における（災害）ボランティアの「活用」に関する議論も行われた。また、災害救援の現場に対しては、災害ボランティアをコーディネートする災害ボランティアセンターについて、マニュアルなどが整備されるようになり、災害時に救援活動への参加が期待される人々（例えば、社会福祉協議会職員）に対する研修なども行われた。

このように、阪神・淡路大震災から一〇年を迎えようとする頃には、災害ボランティアの周辺では、災害NPOへの組織化が行われたり、既存の体制との連携が確認されたり、災害ボランティアセンターの開設や効率的な運営といったことが訓練されるなど、災害ボランティアが秩序だって活動する基盤が整備されていった。阪神・淡路大震災から一〇年をかけて災害ボランティアが秩序化を経験し、日本社会に定着しつつあったということができよう。

秩序化のドライブに対する懸念

被災地にいち早く入り、災害ボランティアセンターを開設し、全国から被災地に集まる災害ボランティアをコーディネートし、効率的にボランティア活動を推進していくことは、被災地の復旧を進めていく上で一定の意義はあった。また、災害NPOが全国的なネットワークを形成していることも、迅速な情報交換などを促進し、被災地の救援に対して意義をもった。こうしたことがある程度秩序だって遂行できるようになるには、災害ボランティアや災害NPOによる並々ならぬ努力があったし、その努力を支えるために社会福祉協議会や行政機関をはじめとして様々な組織が力を尽くしてきた。まずは何よりもこうした動きを進めていった人々の献身的努力には敬意が払われるべきであろう。

しかし、一方で、災害ボランティアが当たり前に存在し、それなりに効率的にコーディネートされるようになると、その本来の意義が見失われてしまうのではないかとの懸念も出てきた。その本来の意義とは、あくまで被災者を中心に据え、臨機応変に対応することである。事実、「ボランティア元年」からの約一〇年間を振り返ると、災害ボランティアという阪神・淡路大震災までには馴染みのなかった存在が日本社会に現れてきたことに対する社会の反応として、被災者が必ずしも中心とならず、臨機応変な対応を回避、あるいは、忌避するような秩序を求める動きが駆動されていった。以下では、その動きのことを「秩序化のドライブ」と称することにする。

秩序化のドライブのもとでは、全国各地から思い思いに駆けつける災害ボランティアを「コーディネート」することがよいとされ、そのための社会的装置として「災害ボランティアセンター」が設置・運営されることが望ましいとされてマニュアルが整備される。そして、度重なる救援活動に出向いていく災害ボランティアや災害NPOは、平時から「ネットワーク」を組んでおいて、緊急時にはより効率的に動けるように備えることが求められていた。

このような秩序化のドライブによって災害ボランティアが、既存の体制に取り込まれるような形で社会に定着していくことは、災害ボランティアや災害NPO、そして何よりも被災者にとって望ましいことだろうか？ ここで災害NPOや災害ボランティアの意義を再確認しておく必要があろう。NPOは、常に、他でもあり得る可能性を留保した可能性（偶有性）を示す新鮮な選択肢を社会に提示することに、その存在意義がある。災害NPOであれば、行政・企業と連携して救援活動を展開しつつも、既存の社会には実現していなかった新たな可能性を示し続ける活動であればこそ意義深い。一方、災害ボランティアもまずは被災者の傍《そば》にいることから始め、臨機応変に既存システムの内外を柔軟に往復する実力が問われる。だとすれば、災害ボランティアは、活動の空間的な拡大は認めつつも、極限までの秩序化を制止するような理論的根拠と実践的方略が必要である。

秩序化のドライブを制動していくには、二つの方略があろう。まず、災害ボランティア活動の境界を曖昧で流動的にしていく戦略がある。具体的には、災害ボランティアセンターの活動にないようなメニューを提案して活動する。例えば、応急危険度判定で危険とされた家屋にも専門家の立ち会いの下で部分的に立ち入って活動することを提案するようなことである。

次に、災害ボランティアの原点が阪神・淡路大震災であったことを確認する戦略がある。具体的には、「もはや神戸ではない（もう阪神・淡路大震災当時のボランティア活動ではないので、そこから学ぶものはない）」という声に対して、積極的に「ボランティア元年」当時の活動を顕在化させることである。例えば、被災者の傍《そば》にいて、ただただ涙を流しながら手を握り、助け助けられる経験があることを伝え実践するようなことである。

阪神・淡路大震災から一〇年という区切りでもあったこの時期は、災害ボランティア活動の始点を改めて確認する絶好の機会になっていたはずであった。しかし、当時は、むしろ災害NPOや災害ボランティアが一〇年間を経てどのように「発展」したかということが一般には顕揚されていた。その結果、議論はKOBE[40]にあってKOBEを見失うような秩序化のドライブに飲み込まれていった。

2 復興過程への拡張——二〇〇四年新潟県中越地震

阪神・淡路大震災から一〇年を数ヶ月先に迎えようとしていた二〇〇四年一〇月、新潟県中越地方で、震度七を記録する地震が発生した。人的被害は、死者六八名、重軽傷者四、八〇五名にのぼり、住宅の被害も一二万世帯を超えた。山古志村（現在、長岡市）をはじめ集落の全住民が他の場所へと長期にわたって避難せざるを得ない事態も生じた。中越地震は、阪神・淡路大震災以降の様々な地震災害とはいくつかの点で大きく異なる災害であった。大都市直下型と形容された阪神・淡路大震災は、淡路島を除いて、文字通り大都市を直撃し、都会が崩壊し、都市住民が被災した。しかし、中越地震は、山深い集落を襲い、伝統的と形容される社会構造や生活様式をもった人々が被災した。また、各所で大きな山崩れが発生し、生業を再開することも長期にわたって困難な状況が生じ、中には、村や集落全体が長期的な避難生活を強いられた。したがって、阪神・淡路大震災における都市の被災と復旧・復興の経験は、そのままでは、中越地方での救援活動には活かせない面も見られた。

発災直後から、全国ネットワークに所属する災害NPOは、互いに連携をとりながら、被災地での救援活動を展開していった。阪神・淡路大震災の被災地から来た災害NPOや、阪神・淡路大震災を経験している災害NPOには、「KOBEの教訓」を伝えようという意志が働いていたし、また、期待もされていたように思える。実際、例えば、全村避難となった山古志村の人々が、避難当初、避難してきた順に各避難所へ入ったところ、約一〇日後に、出身集落ごとに同じ避難所に入ることのできるように移動することになった。このことには、被災以前の人間関係を維持

40　「KOBE」という表記は、地名ではなく阪神・淡路大震災の被災地という意味で使っており、阪神・淡路大震災の被災地を様々な形で経験した人々を包括する表記である。

することが被災者間に安心感を生むというＫＯＢＥの教訓が反映されていた。

中越地震では、災害ボランティアセンターが、自治体ごとに迅速に開設された。また、発災から半月を経る頃から、いくつかの災害ＮＰＯは、長期的な支援が必要と考え支援策を模索した。例えば、阪神・淡路大震災の経験を活かし、被災地でコミュニティーがばらばらになっている地域のサポートを中心に、被災者に寄り添いながらの支援や現地ボランティアが活動しやすい場を提供する動きがあった。その具体化の一つとして、「ＫＯＢＥから応援する会」という現地事務所が開設された。ここを拠点として大阪大学の学生グループｆｒｏｍＨＵＳが足湯などの活動を展開していった。発災から五ヶ月が過ぎようとする頃、中越各地で、ボランティアセンターを運営し、様々な救援・復旧活動の支援に当たっていた人々が中心となって「中越復興市民会議」を設立することが決まった。

災害ボランティア活動の時間的延長

中越地震の被災地は、豊かな時代の中の過疎、高齢化、伝統社会、集落への誇りなど、神戸・阪神地区のような都市社会では顕著ではない事柄がたくさん見られた。このことが新しい発想のボランティア活動を求めていた。災害ボランティアは、被災者の傍らにあって、被災者を中心とした活動を展開するという発想へと立ち返り、今一度、中越の集落をつぶさに眺める機運が高まってきた。中越復興市民会議は、地震で被害を受けた中山間の多くの集落で住民の話を聴きながら地域の再生へと支援を災害ボランティアとともに続けた。具体的には、各集落で復興へと歩む地域リーダーを見いだし、住民と協働して集落独特の活動を展開した。さらに、各集落のつながりを生みだすように、災害復興を目指す集落間の情報交換の場として「地域復興交流会議」も主催した。各集落で行われる様々な活動に参加していた災害ボランティアは、それまでの災害救援活動に参加する災害ボランティアと区別して、復興支援ボランティアとも呼ばれるようになった。

こうして、中越地震において、それまでは救援活動に焦点を当ててきた災害ボランティアが、集落復興という新しい活動へと活動の幅を広げていくことになった。このことは、災害ボランティア活動の射程が時間的に延長したことを示すだろう。復興支援活動は、緊急時の支援活動とは趣が異なり、むらおこしのプランニングや農作業などに長期にわたり、継続的に関わるからである。

秩序化のドライブの再来

中越地震が発生した当時、阪神・淡路大震災を契機とした災害ボランティアの周辺では、秩序化が進んでいたのであった。それに抗うために、災害ボランティアとしての活動の境界を曖昧にしたり、災害ボランティアの原点を明らかにしたりするという方略が提示されていた。中越地震における災害ボランティアの活動を概観すれば、緊急時の救援活動から、復旧、復興支援活動へと向かう中で、集落支援というこれまでには見られなかった活動が生まれている。緊急時に駆けつけたボランティアが、災害復興にも関わり、被災した集落の復興まちづくりにも関わり始めたことは、日本社会に定着しつつあった災害ボランティア活動の境界を曖昧で流動的にした。また、中越地震の被災地では、「KOBEからの教訓」という形で、災害ボランティアの活動が阪神・淡路大震災を起点としていることが顕在化していることがわかる。阪神・淡路大震災における救援活動を経験した災害NPOや災害ボランティアが中越の被災地に関わることによって、災害ボランティア活動の始点が阪神・淡路大震災であったことを改めて確認する絶好の機会となった。

確かに、こうして秩序化のドライブは、着実に弱まるかに思えた。ところが、実際には、秩序化のドライブは、衰えることを知らず、緊急時の災害救援活動において成立しつつあった「コーディネート」、「災害ボランティアセンター」、「ネットワーク」という動きが、「集落のコーディネート」、「復興支援センター」、「地域のネットワーク」という具合に災害復興という場面にも持ち込まれていった。その結果、災害ボランティアを取り巻く舞台が災害救援から災害復興へと回転しただけで、結局、災害ボランティアによる被災された人たち一人一人への関わりは薄まり、災害ボランティアが被災者を中心に据えて臨機応変に展開するという特徴は見失われてしまった。しかも、災害救援といういわば一過性の場面ではなく、復興支援という長期にわたりその成否の評価が下しにくい場面での動きであるから、秩序化のドライブは、残念ながら、徐々に、しかも持続的に作用する。本来は、この段階においてこそ、再度、災害ボランティア活動の原点への回帰をもっと激しく訴えていくべきであった。

災害ボランティア活動の転換への契機

二〇〇七年七月には、新潟県柏崎市、刈羽村などで震度六強を観測し、死者一五名を出す中越沖地震が発生した。被災地にある東京電力柏崎・刈羽原子力発電所では、火災が発生し、微量であるとの報告があるとはいえ、放射性物質の漏洩も確認された。三年前に発生した中越地震の被災地とも重なる地域での被災は、二度とも全壊した家屋六軒を含む二重被災（半壊以上二回）をもたらした。発災直後から数ヶ月間に二七、〇〇〇人を超えるボランティアが活動した。刈羽村でも、発災翌日から、刈羽村社会福祉協議会を拠点として、刈羽村災害ボランティアセンターが発足し、この災害ボランティアセンターを通して六、五六六人のボランティア（同年一二月末現在）が活動した。設立・運営には、地元社会福祉協議会、新潟県社会福祉協議会、地元行政、地元のNPO、外部のNPOや諸団体（例えば、全国社会福祉協議会を中心に経済界とも連携して組織されている支援プロジェクトなど）が積極的に関わった。刈羽村災害ボランティアセンターでは、仮設住宅に生活支援員を配置し、被災者を含む地域住民の復興に当たった。

二〇〇七年の時点では、これまで通り、被災地に災害ボランティアセンターが開設され、救援活動の経験をもつ人々を中心として効率のよい運営が成されようとしていた。ところが、ここに二つの契機が訪れた。まず第一に、災害ボランティアセンターで作業をしていたボランティアから、「被災者の顔を見なかった」という声が聴かれた。確かに、災害ボランティアセンターでは、効率的な運営がなされるようになってきていたし、規模に応じていわゆる裏方も必要ではあった。しかし、そこで活動するボランティアが被災者と全く接していないことは、形式（だけ）を優先してきた災害ボランティアセンターのあり方を象徴する出来事であった。

第二の契機は、救援に当たる地元の人々が、着々と進む救援活動に取り残されるという事態の発生である。救援に当たる地元の人々は、被災者でもある。実際、避難所から災害ボランティアセンターに通いながら救援活動を展開していたりする。その対象となるのは、地元の知り合いの方々である。地元には地元なりのネットワークも存在する。そういう地元に独特の文脈への配慮を欠いた効率優先の救援のあり方が、地元の人々を圧迫していた。

災害ボランティアの原点を垣間見る

災害ボランティアが被災者の方々と直接出会うということについては、各地で精力的に行われている足湯が展望を拓いてくれるだろう。足湯は、足が心地よいというだけではない。むしろ、足湯を通じて被災者の体と心にそっと触れ、会話をすることから、被災された方々のつぶやきを聴くことができるという点に特徴がある。被災者の話は、その土地のこと、被災前の暮らしのことなど多岐にわたる。実は、このことが、被災者のニーズを構成し、被災地の長期的な復興のヒントになる。そして、何より被災者に直接接しているので、「助けつつ助けられている」という関係に入りやすい。実は、これは、阪神・淡路大震災の時にボランティアが感じたことに通じる。

一方、地元の救援者を救援するということについては、中越沖地震の救援活動において開始された「寄り添う」ことをキーワードとした災害NPOの活動が参考になるだろう。刈羽村で活動した災害NPOの中には、被災された方々に寄り添っていくことはもちろんのこと、地元の社会福祉協議会の職員が、自らも被災しながら救援活動に携わっている姿に寄り添うことを積極的に進めてきた団体がある。

被災地の社会福祉協議会は、災害が発生すれば、地元に災害ボランティアセンターを開設し、外部からのボランティアを受け入れて、手際よく救援活動を展開することが想定されている。ただし、こうしたことは日常業務の中で実感をもって扱われることはないので、実際に災害が発生すると地元の社会福祉協議会は戸惑いを隠せない。そこで、過去に災害救援を経験した別の社会福祉協議会の関係者らが地元の社会福祉協議会にアドバイスを提供する仕組みができつつある。しかし、他地域の社会福祉協議会から被災地に来る人々は、被災地に十分長く滞在できるわけでもないので、短期間のうちにノウハウを伝授して現地から去っていく場合が多い。地元の社会福祉協議会からすれば、各地から入れ替わり立ち替わり人が現れ、様々なアドバイスだけが残る場合がある。地元の社会福祉協議会は、当然ながら、長期にわたる復興を見据えて、自らの街で救援活動を展開することになるから、地元特有の様々な制約（例えば、町内会のあり方）を考慮して、必ずしも合理的な選択はできないことがある。こうした事情を加味したアドバイスであれば受け取れるが、そうでなければ、混乱だけが残る。困惑した地元の社会福祉協議会職員は、誰にも相談できずに悩むことになる。そんな時に、寄り添いプロジェクトに参加している災害ボランティアがそっと傍《そば》にいて悩みを聴く。その際、災害ボランティアは、何も過去の経験を一方的に述べることはない。ただ傍らにあって聴くだけである。実は、このことも、阪神・淡路大震災の時にボランティアが感じたことに通じる。

災害ボランティア活動に訪れた転換への契機は、災害ボランティア活動の原点へと導いていくように思われた。つまり、足湯や寄り添いに取り組んだ災害ボランティアは、被災者の傍らにもどり、あくまでも被災者を活動の中心に据え、臨機応変に、被災者や被災地の支援を行おうとしていたからである。被災者と接する災害ボランティアには、「被災したのは私かもしれない」とか、「助けるつもりが助けられた」という発言に現れるような互いのあり方が互換するような場面が再度立ち現れつつあった。

これらの活動の中心にあるのは、災害ボランティアではない。災害ボランティアのコーディネートでも、ネットワークでも、災害ボランティアセンターでもない。中心にあるのは、被災者である。ここに災害ボランティアの原点が垣間見えていたことは事実であった。

3　二〇一一年東日本大震災を経て

東日本大震災が発生したのは、秩序化のドライブの中にも、災害ボランティアの原点への回帰として、足湯や寄り添いが見え始めていた頃であった。ここまでの要約を兼ねて述べれば、阪神・淡路大震災の頃、まだ災害ボランティアに関する制度も体制も定まらない中で、災害ボランティアは既存の枠組みと対峙し、先駆的な活動を展開した。それから一〇年が過ぎる頃、災害ボランティアは秩序化のドライブに動かされ、活動の効率性に左右されるようになってしまい、災害ボランティアならではの自由な活動や、先駆的な活動がかえって抑制されてきた。そして、被災者が災害ボランティア活動の中心から消失しつつあった。その後、中越地震を契機に、救援活動から復興支援活動へと、また、都市災害から中山間地の災害へと大きくシフトした災害ボランティア活動であったが、秩序化のドライブが再来し、さらに強度を増して席巻した。しかし、足湯や寄り添いが災害ボランティアを原点、つまり、被災者を活動の中心に据え、被災者と「助けつつ助けられる」という関係へと引き戻してくれる。秩序化のドライブを経験した後で、こうした活動が、再燃していることの意義は大きい……はずだった。

二〇一一年三月一一日の東日本大震災に直面した時、災害NPOとして、阪神・淡路大震災以来、経験を積んできた団体の場合には、被災者本位に考え、様々なプロジェクトを立案し、遂行していくスタイルは比較的安定していた（第一章参照）。少なくとも、被災地に行くことを躊躇するといったことは眼中になく、何とか現地に赴いて、被災者救援を展開することを大前提にした議論が続いた。しかし、日本社会全体に目を配れば、「災害ボランティア元年」とまで呼ばれた阪神・淡路大震災から一六年の中で、災害ボランティアが社会に定着しつつあったがゆえに、かえって、災害ボランティアの初動が遅れるといった事態が生じてしまった。

奇妙な問い

東日本大震災が発生すると、災害NPOの代表を務める大学教員という立場からか、筆者は、様々なメディアから取材を受けた。その際、「まだボランティアに行くべきではないのでしょう？」という問いを幾度となく投げかけられた。東北の被災地では、救援を求めている人々がいるまさにその時に、まだ行くべきではないというのは、どういうことか？　質問の意図を質してみると、まだ現地には災害ボランティアを受け付けるための準備ができていないから、行かない方がよいのではないかという趣旨だと説明された。

確かに、救命活動の邪魔にならないようにすべきであるし、ガソリン不足が叫ばれたので、車で現地に行くことは憚られる状況にあった。また、当然ながら、何もありとあらゆる人々が、先を争って、現地に行かなければならないわけではない。そんな折、被災地からも、「ボランティアの受け入れ体制が整っていないので、ボランティアは来ないで欲しい」という情報が流れていた。

案の定、少なくとも被災地から遠く離れた場所では、ボランティア活動への参加を躊躇する動きが出てきてしまった。ボランティア活動への参加を自粛するよう呼びかける組織もみられ、ボランティア活動に参加しようとした人々が、まだボランティアには行くべきではない、自粛すべきだと口々に語る場面が生じてしまった。

では、被災地にボランティアは必要なかったのだろうか? 決してそんなことはない。そこには傷つき、悲しみにくれる被災者の姿が確実にあったのだから。救命活動を優先するのは当然である。帰路のガソリンを確保してから行くのも当然である。しかし、ボランティアの受け入れ体制がないとボランティアは行ってはいけないなどというのは、どこかおかしい。また、ボランティアを自粛して欲しいと言われれば、疑うこともなく、そうですかと頷き、そのまま現地に行かないというのも解せない。繰り返すまでもなく、そこには被災者がいたのに。何か勘違いが起きていた。

少し時間が経つと、今度は、「ボランティアがすべきこと、してはならないことは何でしょうか?」という問いを様々なところから投げかけられた。例えば、「ボランティアは、避難所の食べ物を食べてはいけないのでしょうか？」という問いがあった。当然ながら、被災者のために届いた食べ物を勝手に食べてはいけない。いや、そもそも他人の食料を勝手に食べてはいけない。ただ、そんなことは、災害やボランティアとは関係なしに、当然のことである。しかし、質問者の意図は違う。「避難所に届いた物資を、被災者の方が、どうぞと差し出してくれても、自己完結であるべきボランティアは食べてはいけないですよね」という意味だと説明してくれた。応えは、「当然、食べてよい場合がある」である。被災者が差し出してくれた食べ物は、ボランティアへのお礼の意味があるかもしれないし、一緒に食事をしながら話を聴いてくれませんかというお誘いであるかもしれない。ボランティアが、自分は自分で食事をとり、避難者と話もしないというのでは、被災者は救われない。一緒に食事をすることをきっかけに対話が始まればよいのであって、被災者の食事を減らしていると決めつける必要はなかろう。

また、別のケースでは、「被災された方のお宅でお話を聴かせてもらっておりましたら、お茶をいただいてしまいました」と報告したボランティアに、「これだから、勝手に動くボランティアは困る。被災者の大事な資源を奪ってしまうなんて！　被災者に迷惑をかけてはいけないでしょ！」と叱ったボランティアコーディネータがいた。念のために言えば、ここで資源というのは、お茶のことである。言語道断の勘違いである。おそらく現場で被災者に一度も接したことのないコーディネータだったのだろう。ボランティアがすべきこと、すべきでないことについて、何か誤解が生じていた。

猛威を振るった秩序化のドライブ

災害ボランティアとして被災地へ行くことを自粛させ、自己完結ゆえに相手が差し出してくれる食事やお茶をも受けとらないように求める姿勢は、どこから来るのだろうか？　両者に共通するのは、マニュアルへの盲従と、現場に対する想像力の欠如である。これまで、秩序化のドライブが到来し、その後も弱まることなく、再来したことを指摘してきたが、それを打破する可能性に希望も抱いてきた。しかし、こうした現状を目の当たりにすれば、秩序化のドライブが、想像を超えて、強力であったと判断せざるを得ない。これほどまでに猛威を振るう秩序化のドライブは、さすがに想定を超えていた。

そもそも災害ボランティアは、被災者の安寧という目的に対する単なる手段の一つである。しかし、東日本大震災の初動時を振り返れば、災害ボランティア活動それ自身が目的となってしまったかのようである。すなわち、大規模な災害の発生を前にして、何かしようと思った人々は、被災者の救援を考える前に、まずは、しっかりとマニュアルを読んでマスターし、それに従うことを考えてしまったようである。マニュアルが全てなのであれば、悲惨な現場への想像は疎かになる。マニュアルに沿って、正しいボランティアをすることこそが目的だからである。

確かに、二〇一一年の時点では、ここまで述べてきたような災害ボランティアのいわば標準型が成立していた。つまり、災害が発生すれば、災害救援を使命とするＮＰＯや全国の社会福祉協議会が、被災地の社会福祉協議会を応援し、現地に災害ボランティアセンターを設置する、多くのボランティアは、現地災害ボランティアセンターが発信する情報を得て、現地へ向かい、受付・登録をしてもらって、センター側で把握している被災者のニーズを紹介されて、その活動に取り組む、活動後は、現場の状況をセンターに報告し、センターでは、ボランティアからの報告と、新たに被災者から申し込みのあったニーズをニーズ票に整理して翌日のマッチングに備えるといった流れである。

こうした標準型は、効率や秩序を優先する場面（そういう場面があるとすれば）では歓迎されるだろうが、根本的な問題を抱えていることを見逃すわけにはいかない。そこには、肝腎の被災者が欠落している。このような秩序化のドライブによって災害ボランティアが、既存の体制に取り込まれるような形で社会に定着していくことは、災害ボランティアや災害ＮＰＯ、そして何よりも被災者にとって望ましいことではない。

秩序化のドライブを制御するために

東日本大震災では、秩序化のドライブが露骨なまでに猛威をふるってしまった。多くの被災者が苦しみ、悲しみに暮れて、助けを求めている姿を前にして、ボランティアが現地に行くべき時期かどうかが議論され、ボランティアがすべきこととしてはならないことが列挙されていった。挙げ句の果てには、現地災害ボランティアセンターの準備が整っていないから、ボランティアをお断りするという事態まで発生した。その結果、災害ボランティアセンターありき、災害ボランティアセンターが定めたニーズありきという姿勢の前に、被災した方々の姿は霞んでしまった。

こうした事態の背後には、秩序だったボランティア活動を行おうとする意志が流れていた。無論、この意志は、誰か特定のリーダーの意志ではない。社会に通念として流れる意志であり、これこそが「秩序化のドライブ」である。その結果、被災者救援という目的のための手段にすぎなかった災害ボランティア活動が、いつのまにか本来の目的を離れ、手段であったはずの災害ボランティア活動自体が目的と化し、災害ボランティアという目的を達成するための秩序の維持へと関心を移行してしまったことに問題がある。

東日本大震災は、様々な意味で未曾有の災害である。そうであれば、救援活動や復興支援活動も、これまでにない未曾有の対応を模索すべきである。災害ボランティア活動も、これまでの経緯やマニュアルに沿った活動ばかりを想定すべきではなかろう。ましてや、はじめに「標準型」ありきといった対応では、十分な対応ができないことは明らかである。

では、どうすればよいのか。中越沖地震を経て垣間見ていたように、今度もボランティア活動の原点への回帰を唱えることしかできないだろうか。無論、今もこの提言は間違っていないと信じたい。ただ、東日本大震災の初動時に猛威を振るった秩序化のドライブは、原点に戻ろうと唱導するだけでは、制御できそうにないことも判明した。では、どうするか。

ここで、秩序化のドライブの対となる概念として、遊動化のドライブを措定しよう。これは、秩序に囚われず、目の前の被災者を中心に考え、臨機応変に対応することを促すドライブである。そして、遊動化のドライブを強力にしていくことに、秩序化のドライブを打破する希望を託してみてはどうだろうか。実は、東日本大震災の現場をつぶさに観察し、同時に、過去の災害も含めて災害ボランティアの動きを俯瞰してみると、遊動化のドライブを駆動する可能性が朧気に見えてきていることも事実である。そこで、次章では、まず、秩序化のドライブが猛威を振るった背景について理解を深めておき、続く各章で復興や防災に関わる災害ボランティアの姿を検討した後で、最終章において、遊動化のドライブを駆動して、強力な秩序化のドライブを打破する方略について検討することにしたい。

災害ボランティアは、ここが最前線である。結局、秩序化のドライブを打破できず、初動が遅れ、被災された方々への寄り添いが薄れるという大きな問題が残ってしまった。この問題に実践的に、また、理論的に取り組むことが災害ボランティア二〇年を迎える現在の課題である。

第四章

救援活動と災害ボランティア

はじめに

前章で述べた災害ボランティアの動向を「図」とすれば、それを支える社会的文脈は「地」となる。図としての災害ボランティア活動は、地としての社会の変動とともに変化してきている。これまでは、「地」としての社会を踏まえた論考は、意外に少なかった。実際、災害ボランティアの初動に作用した社会的文脈については、心理的、社会的な説明は成されてこなかった。本章では、災害ボランティア活動を成立せしめてきた「地」の部分、すなわち、社会の動向を考察する。具体的には、ボランティア元年を成立せしめた背景には何があったのか、二〇一一年の東日本大震災で見られた初動の遅れは、どのような背景に基づいているのかといったことを災害ボランティアの初動の問題として考察する（第1節）。また、災害救援期の災害ボランティアの現場で起こっている事柄を記述するための概念として、集合的即興ゲームを導入し、その特徴を述べる（第2節）。

1　災害ボランティアの初動

一九九五年、なぜ初動が早かったのか

一九九五年の阪神・淡路大震災では、なぜ、全国から一五〇万人ものボランティアが被災地に

駆けつけ、救援活動に参加したのだろうか？　なぜ一九九五年という時に、「ボランティア元年」が出現したのだろうか？

　もちろん、阪神・淡路大震災が、現代日本の大都会を襲った未曾有の災害であり、その破壊力や悲しみに沈む人々の姿が多くの人々を奮い立たせたという説明もできよう。また、主たる被災地となった神戸は、美しい景観を誇る観光都市でもあり、多くの人々が美しい神戸の回復を望んだからということも事実であろう。さらには、知り合いの知り合いまでを含めれば、人口の集中する神戸に何らかの知人がいた人はかなりの数にのぼり、多くの人にとって無関係な災害ではなかったからとも言えよう。確かに、どの説明をとっても事実の一面を描写しているとは思う。

　このことを理解するには、災害ボランティア活動の経験者に活動の動機を尋ねればよいという意見もあろう。いまや全国各地に多数の経験者がいるのだから、十分なサンプルをもった調査は実施可能であろう。しかし、第二章で述べたように、災害ボランティア活動の動機をアンケート調査などで問うことは虚しい。個々の災害ボランティアに動機が内蔵されていて、それを様々な文脈を度外視して取り出せるというのは、単なる実証主義的幻想に過ぎないからである。

「ボランティア元年」の発現や、それ以降の災害ボランティアの動きを理解するには、個々の災害ボランティアの動機を問うのではなく、災害ボランティアという「図」と表裏一体となっている社会的文脈という「地」に関する考察が必要になろう。ここでは、社会学者の大澤真幸が展開している議論[41]を援用して以下の考察を試論的に提示しておきたい。

「不可能性の時代」の入り口で

大澤は、オウム教団によるサリン事件に注目して、一九九五年が戦後日本を画する年であるとしている。彼によれば、日本社会は、戦後の「理想の時代」から一九七〇年代以降の「虚構の時代」を経ており、一九九五年は「不可能性の時代」へと変化していく画期であった。一九九五年までは、オウム教団やオタクをその極限として、虚構の時代を人々は生きていた。それは「現実から逃避していた」時代でもあった。ここでいう現実は、日常という意味ではなく、激しく、時には破壊的でもある現実のことである。

ところが、一九九五年を境に、時代は二つの相反する方向へと引き裂かれていく。一つは、「現実へと逃避する」時代への変化である。例えば、虚構の世界に耽溺していたオウム教団が、世界最終戦争（ハルマゲドン）という強烈な現実へと逃避した。もう一つは、虚構の時代の傾向が極度に強化され、現実に現実らしさを与える暴力性や危険性を徹底的に払拭して、現実を総体的に虚構化してしまう方向である。ここで大澤が例に出しているのは「XX抜きのXX」(例えば、カフェイン抜きのコーヒー）である。XXの現実性を担保している暴力的な本質を抜き去ったXXの虚構化のことである。それを抜いては本来のXXにはならないだろうことは理解しながらも、「X

X抜きのXX」を嗜好するということである。

一九九五年以降の世界は、現実への逃避と、現実の極度な虚構化という正反対の方向へと進む力が併存している。そして、大澤によれば、このことは、それ自体として認識したり、同定したりすることができず、それゆえ、直接に体験や行為の対象にはならない〈不可能性〉＝〈他者〉に間接的に関わることになるのではないかと述べている。理想や虚構が中心となる時代から、こうした「不可能なもの」が中心となる時代へと移り変わりつつあるというのである。

現実への逃避としての「ボランティア元年」

さて、この議論を阪神・淡路大震災が発生した一九九五年以降の災害ボランティアの動きに当てはめて考えてみよう。まず、阪神・淡路大震災が、暴力的で危険に満ちた強烈な現実であることに異論はないだろう。戦場のようだという比喩への違和感はともかくとして、余震によるさらなる建物崩壊などの危険が伴い、多くの人々の私生活が剝き出しになって一触即発の雰囲気さえ漂う被災地に、強烈な現実を感じ取った人々は多かったはずである。ここに、被災地という「現実への逃避」が生じ、被災地に行って激烈な現実を味わうという現象が生じたのではなかろうか。

41　大澤真幸（二〇〇八）『不可能性の時代』岩波新書

災害ボランティアとして被災地に行けば、そこで出会うのは倒壊したビルや家屋といった物的な現象（だけ）ではない。そこには、剝き出しのぎりぎりの生を生きている被災者の顔がある。災害ボランティアは、被災地で生身の見知らぬ人間と手を取り合って、涙を流しあって、触れあうことで、現実の中に生きているという実感が得られたと考えるのは異常なことではなかろう。事実、そこでは、阪神・淡路大震災の救援活動に参加したボランティアが「助けられているのは私かもしれない」と述べていたように、災害ボランティアと被災者との皮膚感覚を通した接触による互換、被災したのは私かもしれないという偶有性が立ち現れていたのであった。「ボランティア元年」の背後には、こうした現実への逃避が「地」として作用していたものと思われる。

しかし、緊急時の被災地において見られた皮膚接触を通じた現実感は、既存の社会が持つ秩序化のドライブによって巧妙に回収されていった。無論、国家なり行政なりの体制が、ボランティアの自由な活動を禁じて秩序を回復したのではない。そうではなく、悲しみにうち沈む被災者を救うボランティアを礼賛し、「ボランティア元年」と称することによって、災害ボランティアを社会の救世主（メシア）として迎えた。「今時の若者も捨てたものではない」というわけである。そして、そのように讃えられる行動であるからこそ、既存の秩序を乱さないように訓育され、互いにコーディネートし、ネットワークを張り、災害ボランティアセンターなる社会装置を準備して、より効率よく救援活動を展開するようになっていったのであろう。実際、災害ボランティアをコーディネートする災害NPOを認める法が整備され、身近なところでは各種のマニュアルが作成され、それに基づく研修会が開催された。

しかも、こうして秩序化された災害ボランティアには、さらに活動への参加を促す「地」としての社会的文脈が準備されていた。それは、新自由主義・市場至上主義が蔓延し、自己選択、自己責任という言葉が社会に満ちていたことである。人々が、災害時にボランティアとして活動することを自己選択し、自己責任のもとで救援活動を展開することは、まことに社会の風潮に叶ったことなのであった。無論、災害ボランティア活動そのものは市場価値を生み出さないが、それゆえに市場へと邁進する力を包み込むバッファーとして作用した可能性はある。つまり、人々がどこかで薄々感じている過度の市場至上主義に対し、そうではない道を一つ（だけ）示しておくことは、そこが風穴となってかえって中の火を燃え上がらせる効果があったのではなかろうか。その傍証として、イラクに向かったボランティアが窮地に陥ったとき、ある種のメディアは、ボランティアの生命や心理、そして、現地の人々の置かれた状況よりも、ボランティアが自己責任を全うしていないと強烈な非難を浴びせかけ、救出に要した経費を計算したことを挙げておいてもよいだろう。現実へと逃避した「ボランティア元年」も、実は、強力な秩序化へのドライブを浴び、そこに回収されてしまうような状況であった。

ここで十分に説得力のある反論も出てくるだろう。すなわち、災害ボランティアが秩序だって活動し、より効率的に被災者を救援することの何が問題なのかという基本的な反論である。もとより、災害ボランティアが被災者の救援に寄与することに何ら問題はない。しかし、被災者救援という目的のための手段にすぎなかった災害ボランティア活動が、いつのまにか目的化していることが問題だったのである。

二〇一一年、なぜ初動が遅れたのか

一方、二〇一一年の東日本大震災では、初動が遅れた。無論、その後多くの災害ボランティアが東北に向かい、救援活動を展開したし、初動の早かった災害NPOもある（第一章参照）。しかし、阪神・淡路大震災以来、社会に定着してきたはずの災害ボランティアの初動が、なぜ遅れたのだろうか？　なぜ、秩序化のドライブは猛威を振るったのだろうか？

もちろん、阪神・淡路大震災とは異なって、大都市が近くにないとか、交通事情が許さないとか、また、福島第一原子力発電所の事故による放射性物質の拡散の度合いが明らかではないなどの深刻な理由はあった。確かに、どの説明をとっても事実の一面を描写していると思う。しかし、阪神・淡路大震災の時は、ビルの倒壊の危険など、いわば戦場のような危険があったからこそ、その現実へと逃避しようとした背景があったのではなかっただろうか？　また、そこに剝き出しの生があったからこそ、その現実へと逃避したのではなかっただろうか？　もちろん、東日本大震災では、阪神・淡路大震災と同様の、あるいは、それ以上の厳しい現実があったのではなかったか？　それなのに、どうして東日本大震災の現実への逃避は生じなかったのだろうか？

やはり、ここでも、災害ボランティアという「図」と表裏一体となっている社会的文脈という「地」に関する考察が必要になろう。もう一度、大澤真幸が展開している議論を援用して試論を展開しておこう。

「不可能性の時代」のただ中で――被災者抜きの救援

大澤は、一九九五年を境に、時代は一つの相反する方向へと引き裂かれていくとしていた。一つは、「現実へと逃避する」時代への変化である。この変化が、ボランティア元年を支えていたという考察を行ってきた。ただ、大澤によれば、もう一つの変化として、虚構の時代の傾向が極度に強化され、現実に現実らしさを与える暴力性や危険性を徹底的に払拭して、現実を総体的に虚構化してしまう方向が示唆されているのであった。「XX抜きのXX」、すなわち、XXの現実性を担保している暴力的な本質を抜き去ったXXの虚構化のことである。それを抜いては本来のXXにはならないだろうことは理解しながらも、「XX抜きのXX」を嗜好するということである。

現実への逃避として理解された「ボランティア元年」は、既存の社会に回収されてしまうことの閉塞感を味わいつつ、もう一つの方向へも向かっていた。すなわち、災害ボランティアによる活動は、現実への逃避ではなく、現実を極端に虚構化する方向を向いたのである。ここに、暴力性、危険性をはらむ（可能性のある）他人である被災者の救援を抜き去った被災者救援――「被災者抜きの救援」――が現出する。

被災地において、「被災者抜きの救援」など言語道断ではあるとはいえ、「被災者の顔を見ませんでした」という声が、災害ボランティアセンターから響いてきたことが思い出される。また、阪神・淡路大震災から一六年が経過する中で、人々のコミュニケーション様式も随分と変化していた。ＳＮＳの席巻である。例えば、画面の中での「友だち」と「会話する」閉じられたサイバー空間が、「現実味」をもって体験されていた。見たことや感じたことを、目の前の他人に向かって話すよりも、どこかにいる聴き手に向かってつぶやくことも日常の一コマになっていた。その姿は、虚構の時代に逆戻りしたというよりも、「虚構の時代の傾向が極度に強化され、現実に現実らしさを与える暴力性や危険性を徹底的に払拭して、現実を総体的に虚構化してしまう」と表現することが妥当であるような社会が現出していた。

やはり、ここでわかりやすい反論も出てこよう。例えば、未曾有の事態に遭遇して、情報を探索し、関心のある他人と情報を交換し、事態を判断していくことに何の問題があるのかという反論である。しかし、インターネットやＳＮＳで探索され交換された情報は、それまでの秩序化のドライブにまみれた情報であり、しかも、その事実には気づかれない事態が生じていた。まさに、

「被災者抜きの救援活動」が起こっていたのである。

こうした分析において、急いで追加すべきことは、災害救援に駆けつけたボランティアの一人一人は、決して、何もこうした社会の先鋒を担って、口々に自己責任を叫んで秩序化していったわけではない、また、被災者抜きの救援活動を展開したかったわけでももちろんないということである。実際、筆者らが協力し、朝日新聞社が大学生ボランティア四四五名を対象に行った質問紙調査では、「ボランティアが一人一人の被災者に寄り添うこと」を重視すると応えた学生が六七％いたのに対し、「ボランティアが効率的に活動を行うこと」を重視すると応えた学生は二八％に留まる。

多くのボランティアは、善意をもって悲しみにくれる被災者のただ傍《そば》にあろうとしただけである。このことは、何度強調しても強調しすぎることはない。筆者自身、いわゆる純粋な気持ちで被災者に寄り添い、ともに涙し、ともに精一杯の希望を紡ぎ出そうとしているボランティアを何人みてきたことか。しかし、ここで考察したような「地」としての社会の流れは、「図」としての災害ボランティアを礼賛こそすれ、結局は、秩序化のドライブという「地」に、災害ボランティアを絡め取ってしまったのである。

災害ボランティアの原点に見る希望

では、「現実への逃避」として災害ボランティアが発現したものの、秩序化のドライブに回収されていった経緯を前に、また、「被災者抜きの救援活動」が生じていたことを前に、いったい何に希望を抱けばよいのだろうか。秩序化のドライブを打破するには、相異なる二つの方略がある。一つは、災害ボランティアの原点に戻ることであり、もう一つは、秩序化のドライブを打ち消すように作用する遊動化のドライブの駆動である。ここでは、第一の方略について述べる。具体的には、足湯と寄り添いの活動である。

足湯に見る希望　前章で述べたように、秩序化のドライブ（の再来）によって、硬直した災害ボランティアに希望をもたらしたものは、足湯と寄り添いであった。このことは、今後の災害ボランティア活動とそれを取り巻く社会にどのような意味で希望をもたらしてくれるのだろうか。ここでは、足湯に身体接触による偶有性喚起の希望を見ておきたい。足湯は、文字通り、被災者の身体に接触しながら、被災者の声（つぶやき）を聴き取る活動である。その声の中には、被災者の体調や悲しみ、苦しみ、生き甲斐、経済的困窮など様々な事柄が含まれている。即時に対応すべき事柄については、そうした声をもとに対応することになっている。ただ、ここでは、足湯が身体の直接的接触を伴っていることに注目しておきたい。

足湯を行う災害ボランティアは、突然発生した災害の被災地に行く。そこは自分が行くことを想像もしたことのないような土地である。そこに自分とは年齢も経験もまったく異なる被災者がいる。話す言葉も方言であったりして、よく理解できないこともある。そういう被災者にそっと声をかけ、足や手に直接接触する。一方、被災者から見れば、足湯は突然外からやってくる。被災した高齢者にとって、見たこともないような都会の大学生が目の前に現れる。そして、笑顔を振りまいて、話しかけ、足や手に接触する。互いに戸惑いを感じつつ、身体への接触が始まる。

足湯を行う災害ボランティアは、通常、数人で被災地を訪れる。そして、特定の避難所などに行って、一人当たり二〇分程度の足湯を行う。半日活動しても、それほど多数の被災者に足湯ができるわけではない。また、足湯を通したコミュニケーションを欲している（かもしれない）被災者に等しく出会うわけでもない。もしここで効率を問うなら、効率は極端に悪い。しかし、被災者と向き合い、臨機応変に対応している点で、災害ボランティアの原点と言える活動である。

足湯を行う災害ボランティアは、被災者の足や手に触れ、被災者の声を聴いている間に、被災したのは私であったかもしれないという印象をもつ可能性がある。事実、足湯ボランティアの記録には、「話を伺っていると、私が被災したように思える」という感想がある。一方、被災者からすれば、体調が優れないとか、仮設住宅での生活に不安があるとか、様々な話を災害ボランティアに対して話しかける。また、学生の生活を心配したりする。しかし、それがどのように解消されるのか、何か改善がもたらされるのか、そんな見込みはほぼ皆無である。それでも語りかける。

確かに、足湯という災害ボランティア活動は、通常の意味では、事態に改善をもたらすことなく、効率も悪い。ただ、災害ボランティアも被災者も、ともに強烈な現実の中にある。そして、被災者を中心とした救援活動になっている。災害ボランティアと足湯を受ける被災者の間には、着実に結びつきが育まれている。ここには、災害ボランティアの原点へと回帰した新しい活動が芽生えている。

寄り添うことから見える希望——「ただ傍《そば》にいること」

また、中越沖地震を契機に立ち上がった寄り添いプロジェクトは、被災者はもとより、被災しつつも救援活動に参加することになっている地元の人々の傍《そば》にいて、その人たちが発する声にひたすら耳を傾ける活動である。ともすれば、効率や機能を優先し、一人一人の被災者の深い悲嘆や戸惑いに対応しづらくなる災害ボランティアセンターに対し、災害ボランティアセンターと連動しつつも、独自に被災者や被災しながら救援活動に参加する現地の人々の傍《そば》にあって、長くかつ深い関係を築きながら、被災者本意の活動を展開しようとする試みである。

被災地の人々に寄り添う災害ボランティアは、特定の項目について聞き取りをするわけではない。また、多数の災害ボランティアが活動するわけでもない。聴いた話を何か特定の解決に向けて活用するわけでもない。ただただ傍《そば》にいて聴くだけである。いや、災害ボランティアに向かっては何も話されないかもしれない。深いため息だけであったり、涙をためた目で見つめながら黙って手を握るだけかもしれない。もしここで効率を問うなら、効率は極端に悪い。ただ、災害ボランティアも被災者も、ともに強烈な現実の中にある。そして、被災者を中心とした救援活動になっている。災害ボランティアと被災者の間には、こうした寄り添いを通じて着実に結びつきが育まれている。ここには、災害ボランティアの原点へと回帰した新しい活動が着実に息づいている。

遊動化のドライブを駆動するために

確かに、足湯や寄り添いを通して、災害ボランティアの原点への回帰の可能性が見えている。しかし、考えてみれば、いずれも現場に身を置いて行う活動である。東日本大震災の問題は、その初動にあったことを考えれば、災害ボランティアが現場へと行くことをいかに進めるかという問題が残ってしまう。

遊動化のドライブは、秩序化のドライブと反対に作用するのであった。だとすれば、災害ボランティアに対して猛威を振るう秩序化のドライブに対抗して、遊動化のドライブをいかに導入していくのかということが、理論的にも実践的にも問われている。その方略については、第七章で示すこととし、次節では、遊動化のドライブが作用している状況について、分析を加えておこう。

2　災害救援の現場で起こっていること——即興の演出に向けて

災害直後には、既存の規範が、一時的にせよ遠のき、災害ユートピアやパラダイスという事態が現出し、そこで人々は互いに助け合うという即興を織りなす。しかし、即興を交えた相互扶助は短期間で消滅する場合が多い。そこで、本節では、災害時において、災害ボランティアや災害NPOが演じる即興の内容を明らかにした上で、東日本大震災の事例を交えて、各地で即興を演出するための方向を見据える。

災害時には、安定した規範が消失し、最も基底的な規範が露出する。例えば、人命救助が叫ばれ、毛布は商品としてではなく毛布としてそこにある。そして、人々は、互いに助け合う。災害社会学の分野では、災害直後にこのような事態が出現することを指摘し、災害ユートピアと呼んできた[42]。また、最近では、アメリカのジャーナリストであるレベッカ・ソルニット[43]が、災害直後に、人々の相互扶助に満ちた理想の社会（パラダイス）が現出することを改めて指摘した。日本では、阪神・淡路大震災以来、災害ボランティアがそこに加わった。災害ボランティアは、不特定の被災者に対し、返礼を求めない贈与（純粋な意味での贈与）を行おうと努める。

しかし、ソルニットも指摘するように、災害ユートピアやパラダイスは、長期的に持続することはなく、むしろ、泡沫的である。そこで、災害ユートピア・パラダイスと称される場面で展開されている行為を把握し、それを持続する方略を見いだすことが課題となる。

災害直後のように、既存の規範が、一時的にせよ、遠のいた場面では、その場その場の状況に応じて、人々が、一時的な規範を生成・更新し続ける過程が展開される。筆者は、この過程のことを即興と呼んだ。[44] すなわち、災害直後には、災害ユートピアやパラダイスという事態が現出し、そこで人々は互いに助け合うなど様々な即興を織りなすのである。無論、災害救援が即興であると記述したり、災害ＮＰＯには即興的な運営が重要であると指摘したりするだけでは不十分である。ユートピアやパラダイスといった望ましい事態を生成、維持するために、いかにして、即興を演出するかということこそ、示されなければならないからである。

そこで、本節では、災害時において、災害ボランティアや、災害ボランティア活動プログラムを準備する災害ＮＰＯが演じる即興の内容を明らかにした上で、即興を演出するための方略へとつなげる。具体的には、まず、筆者自身が、阪神・淡路大震災以降に展開してきた災害救援の場面における即興に関する議論[45]を簡単に紹介する。続いて、災害救援の現場では、即興の終了に関す

42 例えば、Fritz, C. E. & Marks, E. S. (1954). The NORC Studies of Human Behavior in Disaster. *Journal of Social Issues*, 10, 26-41

43 Solnit, R. (2009). *A Paradise Built in Hell*, New York : Viking（レベッカ・ソルニット 高月園子訳（二〇一〇）『災害ユートピア―なぜそのとき特別な共同体が立ち上がるのか』亜紀書房）

44 渥美公秀（二〇〇一）『ボランティアの知―実践としてのボランティア研究』大阪大学出版会

るダイナミクスを踏まえて、即興の（再）始動への方略が理論的にも実践的にも焦点となることを示す。

災害ボランティア・組織に見られる即興

第一章で述べたように、筆者が関わる災害ＮＰＯ――（特）日本災害救援ボランティアネットワーク（ＮＶＮＡＤ）――でも、東日本大震災の直後から、即興的な運営に取り組んで来た。まず、「東京にＮＰＯが集まって災害対応のネットワークを構築する」という情報を受けた事務所（兵庫県西宮市）では、これに参加するか、それとも、独自の活動を開始するかという問いに直面した。筆者らが下した決断は、独自の活動を展開することであった。無論、専従職員が二名という災害ＮＰＯにあって、東京の会合に人員と時間とエネルギーを割く余裕がなかったこともある。しかし、最も大きな理由は、できるだけ早急に、被災者の傍《そば》に行き、何であれ作業をこなしながら、被災された人々に寄り添うことこそが救援になるという経験が背景にあったからである。災害時の初動は、災害ＮＰＯにとって決定的に重大である。しかし、その意思決定に要した時間は短く、ほぼ瞬時の決断であった。阪神・淡路大震災以来、一六年に亘って災害救援、復興支援の現場に関わり蓄積してきたネットワークと経験をフルに活用して、全てが即興的に決まっていった。その後は、どこに行くのか、誰が行くのか、誰に会うのか、会ってからどうするのか……すべてが即興的に決定され、現場ではさらなる即興が演じられていった。

無論、即興的に決める際には、既存の経験や知識が総動員される。即興という言葉から連想されがちな「場当たり」とか「思いつき」による活動ではない。例えば、NVNADが、初動時に、独自の活動を展開することにした背景には、避難誘導場面における創発的小集団のダイナミクスに関する研究[46]があった。この研究から示唆されることは、①ローカルに動く誘導者の人数が十分であれば、ローカルな小集団を核として避難する方が迅速に避難できること、しかし、②ローカルに動く誘導者が十分でない場合には、ローカルな小集団の避難行動のみに依存するよりも、全体を俯瞰する動きとローカルな動きが共存する方が、全体を俯瞰する動きばかりの場合よりも、迅速な避難が達成できることである。東日本大震災当初の場面に当てはめれば、東京に集結する災害NPOの動きを視野に収めつつ、独自にローカルな小集団を結成していくことが最良の選択肢であると判断された。

これまでにも、即興的に運営した後では、その経緯について、議論し、整理し、記録に残すこ

45　渥美公秀（二〇〇一）『ボランティアの知―実践としてのボランティア研究』大阪大学出版会、および、渥美公秀（二〇〇八）「即興としての災害救援」山住勝弘・Engestrom, Y. 編『ノットワーキング―結び合う人間活動の創造へ』新曜社、二〇七－二三〇頁

46　Sugiman, T. & Misumi, J. (1988). Development of a New Evacuation Method for Emergencies : Control of Collective Behavior by Emergent Small Groups. *Journal of Applied Psychology*, 73, 3-10.

とを行っている。[47]また、災害と即興に関する理論的考察も折に触れて行ってきた。こうしたことから、NVNADに限って言えば、災害時に即興的な運営を行うことに対する敷居は低かったとも言えよう。

災害時における即興——遊動化のドライブの到来

災害時における即興については、最近では、米国デラウェア大学の研究者ら[48]が、二〇〇五年のハリケーンカトリーナの事例、および、二〇〇一年の同時多発テロの事例をもとに論じている。彼女らによれば、被災地では、行政の縦割りが災いして、事態の集合的な意味づけに失敗したため、効果的な救援活動ができなかった。しかし、市民の船による被災地区からの脱出だけは、市民の活動に支えられて即興的に演じられた。そこから、即興と計画とは、一見矛盾するが、計画があるからこそ、即興も成立することを指摘し、カトリーナが襲ったニューオリンズがジャズの発祥の地であることに因んで、ジャズの比喩を導入している。すなわち、演奏家は、何もないところから何かを作り出すのではない。曲を知り、練習し、相手に合わせ……といった基本的な能力を備えていてこそ、本番で相手のしていることが伝わり、読める。緊急時に動く人々も、経験、知識をもち、他の組織についても見解を共有していなければならない。そうすれば、災害の創発的な環境を意味づけ、効果的な即興が演じられるとしている。

組織論の分野では、即興に関する考察を積極的に展開している。古くは、一九九八年のOrganization Science 誌が、この分野における即興について、特集を組んで紹介している。最近では、組織論における即興に関する広範なレビューも行われ、そこでは、ブリコラージュなど類似の概念との異同について整理されている。[49] 例えば、カール・ワイク[50]は、ジャズの研究書[51]に沿って、即興を「演奏の特別な状況の中で、思いつき、形作られ、形を変えてきた予期しなかったアイデアに応じて、既にあった素材や構想を練り直して、一つ一つの創造行為に独特の味わいを付けていくこと」と定義している。そして、即興は、何もないところから生じるのではなく、過去に慣れ親しんだ旋律をいまここで新たに構成しなおすといった形式で行われることを指摘し、組織においては、意思決定（decision making）よりもむしろ、即興を通して意味を構成する（sense

47　例えば、渥美公秀（二〇〇八）「災害ボランティアの一四年」菅磨志保・山下祐介・渥美公秀編著『災害ボランティア論入門』弘文堂、八六－九五頁
48　Wachtendorf, T. & Kendra, J. M. (2006). Improvising Disaster in the City of Jazz : Organizational Response to Hurricane Katrina. *Understanding Katrina : Perspectives from the Social Sciences*. Brooklyn, N.Y. : Social Science Research Council.
49　Leone, L. (2010). *A Critical Review of Improvisation in Organizations : Open Issues and Future Research Directions*. Paper presented at the Summer Conference 2010, Imperial College London Business School.
50　Weick, K.E. (1998). Improvisation as a Mindset for Organizational Analysis, *Organization Science*, 9.5, 543-55
51　Berliner, P.F. (1994). *Thinking in Jazz : The Infinite Art of Improvisation*. Chicago, IL : University of Chicago Press.

making）ことに注目していくべきだと主張する。最後の点は、災害時のボランティアの組織論にとって極めて重要である。実際、災害NPOは、即興的な運営を通して、災害ボランティアに関する意味を構成し、社会における新たな選択肢を提示していく。具体的には、東日本大震災に際し、災害ボランティアが何であるかは何度も問われ、災害ボランティア活動を選択していくことが、いかなる意味において日本社会の閉塞感を打破し、社会を変革することに繋がるのかといったことが議論されるきっかけを作るのは災害NPOである。

集合的即興ゲーム

筆者は、阪神・淡路大震災におけるボランティアを含む救援活動を整理する中で、集合的即興ゲーム（Collective Improvisation Game）という概念を提出した。[52] まず、即興を「安定した規範が一時的にせよ遠のいた時に、その場その場の状況に応じて、人々が、一時的な規範を生成・更新し続ける過程」として定義し、「安定した規範が消失した後に、人々が織りなす集合が帯びる様相」を描くことを試みた。ここで、規範とは、行為の妥当・非妥当を指し示す操作である。[53] 妥当・非妥当の区別の集合を、ルールと呼び、ルールを取り巻く行為の集合をゲームとしてとらえてみた。そして、規範が生生流転する事態における諸集団の振る舞いを「集合的即興ゲーム」と呼んだ。その際、メタファーとしてジャズに注目し、災害救援活動が即興（ジャズの演奏）と類似していることを指摘した。

集合的即興ゲームの特徴は、次の五点に整理される。ジャズの比喩も添えながら略述しておく。

固定したシナリオの不在

災害救援には、大筋でのストーリーはあっても、事の詳細を記したシナリオはない。各地の救援現場では、発災直後から、人命救助を中心とする救急救命期、水・食料といった最低限の物資が必要となる緊急期、避難所等に入った被災者に対する救援物資や様々なケアが必要となる救援期、ライフラインが復旧していく復旧期、地域の復興に向けて動き出すとともに、被災者とともに息の長い活動が要求される復興期といった大筋の展開が見られたことは確かである。しかし、各時期、各場所における活動内容には、その時々の参加者が臨機応変に対処すべき事柄が多く、予め、すべてを計画するのは不可能である。

即興では、このように仮構されては消滅し、再び仮構されていく規範、いわば、生生流転する規範に着目する。そこに固定されたシナリオはない。第一章で示した災害ＮＰＯの場合も、どこ

52　渥美公秀（二〇〇一）『ボランティアの知―実践としてのボランティア研究』大阪大学出版会
53　大澤真幸（一九九〇）『身体の比較社会学　Ｉ』勁草書房

へ向かうか、誰と会うかなど、固定されたシナリオがあるわけではなかった。ジャズの比喩に託すならば、曲調やコード進行は、ある程度、予め決まっているけれども、それをいかに演奏するかという点は、事細かに規定されているわけではなく、その時々の演奏者が臨機応変に演奏するわけである。

既存の知識・技術の活用

災害救援では、救援に関する多様な情報や技術などが柔軟に発揮されるべきである。行政機関は、周到な防災計画の整備とその適用を求められる。企業は、被災地の現状に応じた人材・資材・資金の投入が期待される。また、災害ＮＰＯは、ボランティア活動に参加する人々を受け付け、活動場所を紹介するだけでなく、参加者の安全確保や撤退時期にも通じている必要がある。個人ボランティアも、どこに行けばどのような活動に参加できるのかといった情報をもつ必要が出てくる。

このように、即興は何もないところから生じる動きではない。多様な参加者が、それぞれに習得してきた技術・知識を前提として、現場の多様な声に臨機応変に応答しながら、それらをいかに結びあわせていくかということが問われる。冒頭で示した災害ＮＰＯの場合も、阪神・淡路大震災以来一六年にわたる経験や、関連する学知があり、それらを前提として臨機応変な対応をとっていったのであった。ジャズの場合も、各演奏家はそれぞれの楽器に通じている必要があろう。ただ、楽器をうまく演奏できるといったレベルだけでは、物足りない。その場の他のプレーヤーの音に臨機応変に応答しながら、音楽を紡ぎだしていくわけである。

個と全体の「間」

災害救援では、参加する諸組織・個人が、全体の「間」を考慮しながら、活動していく必要がある。要求されるのは、自他の活動を理解しながら、即興が行われている場全体をも同時に理解することである。個々の参加者に関する情報と、場全体に関する情報が揃った時にはじめて、活動の重複を避け、活動の欠けている部分を補い合うことができ、効率的、効果的な救援活動が可能になる。

即興の渦中にあって、参加者はただただ活動しているだけなのである。個々の参加者に関する情報と全体の挙動とが偶然にも連動したときには、即興が上手く進むであろう。逆に、個々の参加者に関する情報も、場全体に関する情報も、そのどちらかの情報が完全に欠落していれば、文字通り「間の抜けた」救援活動になってしまう。筆者らの災害ＮＰＯでも、そのプログラムに参加する災害ボランティアには、被災者の傍《そば》にいること、被災者の一人一人と対話することを伝え、組織としては、特定の被災地における他の組織の動向や、他の被災地における様々な動きをモニターして活動している。ジャズにおいて、いわば「書かれざる間」がいかに大切かということは、もはや指摘するまでもないだろう。

被災者との協働

災害救援は、被災者と一体となった活動である。災害救援では、被災者のニーズと乖離した活動には意味がない。ボランティアが救援する側であり、被災者は救援される側だという固定観念があるとすれば、それは害こそあれ互いにとって益とはならない。かといって、被災者のニーズと救援者の提供できること（シーズ）とのマッチングを図ればよいというほど単純でもない。また、当然ながら、被災地の復旧が進み、被災地住民による自力復興の兆しが見え始めた場合には、これまでの救援活動を、被災地住民に引き継ぐことを考えなければなるまい。

筆者らの災害ＮＰＯでは、災害ボランティアと被災者との間で、個別の関係を構築することを奨励している。例えば、仮設住宅を一軒一軒訪ねたり、特定の一人の被災者と繰り返し会う機会をもったりして、対話を通して、そこで生まれるニーズに対応するようにしている。また、被災地では、多様な団体、組織との交流を深め、被災地住民による自力復興を支援することを心がけている。ジャズもその演奏はステージの上だけで行われるのではない。聴衆とのえもいわれぬ交流がいいジャズを生んだり、ジャズを殺してしまったりするという話はよく聞かれることである。

その際、個々のプレーヤーや一人一人の聴衆の内面に、「聴きたい音楽」なるものを措定するのではなく、両者がその時、その場で協働して音楽を奏でていると考えるわけである。

流動するメンバーシップ

即興への参加者のメンバーシップは時々刻々と変化する。例えば、災害救援においては、コーディネータが必要となるが、コーディネータは、固定している必要がない。つまり、ルールが時々刻々と変化する即興の現場では、ルールを体現する者としてのコーディネータも次々代わっていく。コーディネータのみならず、参加者は、こうした行為の継続に寄与する限りで参加者となる。その結果、メンバーが頻繁に入れ替わることになる。

第一章で示したように、筆者らの災害NPOには、有給職員は、わずか二名しかいない。しかし、地元住民や学生がボランティアスタッフとして組織の運営に関わってくれている。また、プログラムに参加する災害ボランティアの顔ぶれは、固定しているわけではない。そうした流動性のあるメンバーを前提として、複数の理事が、それぞれにプログラムを企画し、実施する体制がとられている。ジャズの世界でも、ソロはあるし、名プレーヤーもいる。しかし、セッションが始まれば、それぞれのプレーヤーが表に出たり、下支えを行ったりしながら演奏が進行する。

即興論の前線──即興の終了に関わるダイナミックスと（再）始動への方略

集合的即興ゲームの未決の論点として、即興における行為者の視点、観察者の視点、複数の即興間の関係などいくつかの論点が残されている。中でも、即興の始動と終了に関する考察は、残された大きな論点である。実際、即興の始動については、即興を始動するために必要なこととして、災害に関わる様々な計画の熟知と、経験の活用を提案するに留まっており、いったん終了した即興を再始動することなどは検討されていなかった。即興の終了についても、即興はいずれ終焉を迎えるとするだけで、そのダイナミックスが描けていたわけではなかった。したがって、即興の再始動への手がかりも示されていなかった。そこで、これまで述べてきたことを参考にしつつ、即興の（再）始動・終了のダイナミックスについて、より広範な文脈から考察してみたいと思う。

即興が始動することによって開けるパラダイスが、泡沫的であるとすれば、まず、即興が終了するダイナミックスを明らかにする必要がある。即興が終了するのは、次の二つの場合である。第一に、救援が達成されて即興が不要となる時である。即興として一時的に形成された規範が次々と行為を接続して安定していく場合がこれにあたる。その結果、当初は、即興として始められた行為が、広く行き渡り、当然のように行われるとすれば、もはや即興が不要になるというわけである。

第二に、即興によって一時的に形成された規範が結局どれも安定せず、それまで遠のいていた古い規範が回帰する時である。せっかくパラダイスとも称されるような相互扶助の世界が即興的に営まれていても、それを妥当としないような、例えば、効率優先の規範が立ち上がる場面である。こうした既存の規範の回帰は、秩序化のドライブの作用として、阪神・淡路大震災以降の災害ボランティアの動向に色濃く見られたのであった。

災害ボランティアの二〇年を振り返ってみれば、そこには、常に、秩序化のドライブが作用していた。ここでは、災害時に既存の規範へと引き戻そうとするドライブであると捉えておこう。災害直後には、既存の規範にとらわれず、被災者を中心に据えて、臨機応変に活動していたボランティアも、そのうち、コーディネートが必要だとされ、そのためのマニュアルが整備されていく。さらには、マニュアルに示された標準的な活動に従事するボランティアが災害ボランティアとされていく。このことが如実に表れたのが東日本大震災でもあった。

一方、秩序化のドライブに対抗して、人々の遊動性を駆動し、即興を可能とするような場を設《しつら》えるドライブが、遊動化のドライブである。例えば、災害ボランティア活動の現場で出会う「なんでもありや」という言説[54]や、「ただ傍《そば》にいること」[55]といった言説が、その具体例となる。遊動化のドライブを導入すれば、即興の現場は、秩序化のドライブと遊動化のドライブのせめぎあいの場として描くことができる。

結局、災害直後の災害ユートピア、パラダイスと称される事態で展開する即興の最前線は、秩序化のドライブをいかに排し、遊動化のドライブをいかに維持するかという問題である。ただし、現実的には、秩序化のドライブに抗して発災時の遊動化のドライブをそのまま維持することは困難である。しかし、随時、折に触れて、遊動化のドライブを想起し、社会に投入していくことは可能ではなかろうか。すなわち、ある被災地で、災害ボランティアを含む相互扶助が即興的に演じられたとしても、それは、残念ながら、秩序化のドライブに絡め取られてしまう。無論、秩序化のドライブに絡め取られないように配慮し、もっと頑張って即興を演じろと叫んだところで、実は虚しい。それほどに、既存の規範は強大だからである。しかし、そうであれば、ある時、ある被災地で生じた即興を、別の場面で、今一度、演出していくこと、さらに、それを社会のあちらこちらで行うことを考えてみてはどうだろうか。

振り返ってみれば、災害ボランティア元年から二〇年を経つつある現在、遊動化のドライブが作動した場面の蓄積はかなりある。具体的には、阪神・淡路大震災の被災地、中越地震の被災地、中越沖地震の被災地で遊動化のドライブが作動したことを経験している人々は、確実にいる。だとすれば、過去に作用した遊動化のドライブをも射程に入れた議論を構築していく時が来ているのではなかろうか。最終章では、この課題に取り組むことにする。遊動化のドライブに導かれた場を考慮に入れて、即興の演出をしていくこと、これを東日本大震災後の希望の一つとしたい。

54　村井雅清（二〇一一）『災害ボランティアの心構え』ソフトバンク新書

55　渥美公秀（二〇〇一）『ボランティアの知―実践としてのボランティア研究』大阪大学出版会

第五章

復興支援活動と災害ボランティア

はじめに

災害復興過程とは、被災地に住む人々が生活世界を意味づける文脈を創生、維持、変容していく動態である。災害復興研究は、研究者と被災地に関わる人々との協働的実践を通じて、被災地の生活世界の動態を明らかにし、当該被災地はもちろんのこと、時空間を隔てた社会について、さらには、社会一般について、その「社会心理」を明らかにする理論的な試みである。同時に、災害復興研究は、当該被災地の復興に寄与することはもちろんのこと、将来の被災地の復興へと実践的な指針を提示することを目指している。

災害心理学や災害社会学の分野で、災害復興過程に関する研究は、あまり行われてこなかった[56]。確かに、アメリカ、ウェストヴァージニア州のバッファロークリークという町を襲った水害からの復興過程を描いたエリクソンの古典的な研究はある[57]。また、最近では、ハリケーンカトリーナからの復興に焦点を当てた社会学的な研究も行われている[58]。しかし、災害復興に関する研究を通覧してみても、一定した研究成果が得られていないのが現状である[59]。具体的には、災害によってコミュニティの社会的な面、物質的な面に変化はあったのか、あったならば、改善されたのか否かといった基本的な問いにも応えられる状況にはないとの指摘がある。また、災害に関する社会学的研究を通覧した研究[60]も、災害復興については、理論的な検討が要請されると指摘している。

わが国では、二〇〇四年の中越地震を契機に、災害復興に注目が集まるようになった。二〇〇七年には、日本災害復興学会が設立され、東日本大震災を承けた特集が学会誌でも組まれている。もちろん、一九九五年の阪神・淡路大震災からの都市の復興には関心が集まっていた。例えば、震災後の復興感に関して、街の建物が何割復興したのかといった事実や、地域経済が何パーセント回復したといった社会経済的な指標よりも、被災者の認識そのものが重要であると指摘した研究[61]などがあった。また、台湾集集大地震（一九九九年）からの復興過程をコミュニティ

56　例えば、Button, G. V. (2009). Family Resemblances Between Disasters and Development-forced Displacement : Hurricane Katrina as a Comparative Case Study. In A. Oliver-Smith(ed.) *Development & Dispossession : The Crisis of Forced Displacement and Resettlement*. Santa Fe : School of Advanced Research Press. pp.255-274、Rubin, C.B. (2009). Long Term Recovery from Disasters : The Neglected Component of Emergency Management. *Journal of Homeland Security and Emergency Management*, 6 (1), Article 46、Smith, G.P. & Wenger, D. (2006). Sustainable Disaster Recovery : Operationalizing an Existing Agenda. In H. Rodriguez, E.L. Quarantelli, and R.R. Dynes (eds.) *Handbook of Disaster Research*. New York : Springer, pp.234-274　などが、指摘している。

57　Erikson, K.T. (1978). *Everything in its Path : Destruction of Community in the Buffalo Creek Flood*. Chicago: Simon & Schuster.

58　例えば、Brunsma, D.L., Overfelt, D., & Picou, J.S. (eds.) (2007). *The Sociology of Katrina*. Lanham, MD : Rowman & Littlefield Publishers.

59　Passerini, E. (2000). Disasters as Agents of Social Change in Recovery and Reconstruction. *Natural Hazards Review*, 1 (2), 67-72

60　Tierney, K. J. (2007). From the Margins to the Mainstream? Disaster Research at the Crossroads. *Annual Review of Sociology*, 33, 503-525.

に注目して検討した事例研究[62]なども散発的にではあるが公刊されてきた。しかし、まだ十分な研究成果を得るには至っていなかった。ところが、中山間地の過疎高齢化問題を露わにした中越地震によって、にわかに多様な災害復興に注目が集まることになった。そして、災害ボランティアも中越地震を契機に復興過程に深く関わるようになったことは、第三章で述べた通りである。

本章では、まず、復興とは何かという議論を展開し（第1節）、次に、復興と災害ボランティアとの関わりを過去、現在、未来という復興の時間に分けて紹介する（第2節）。そして、最後に、復興過程を把握するために開発されたツールとその含意を考察する（第3節）。

1　復興とは？

災害復興は、人間に関わる。被災地の交通網や経済の復旧が先にあってこその復興であるとする意見もあるようだが、人間を無視して交通網を整備しても、仮に経済なるものが（被災地の）人間抜きで復旧しても、意味はない。そこで、ここでは、復興について、現在主流とも言えるハード中心、政策中心の動きに対する対抗的な運動であるという視点から検討を加えておきたい。

もちろん、災害復興の場面でも、「被災者のために」「被災地のために」制度が新設されたり適用されたりする。通常、善意に満ちている。誰も、被災者を放置せよとか、被災地は疲弊してよいなどとは言わない。しかし、人を生かし、善意で保護する社会には、実は、見えにくい落とし穴がある。例えば、制度に則って、「半壊の方は、住宅への補助が支給されるので、この日までに手続きをしてください」と言う。確かに、被災者の自立を願い、被災者を保護していくための方策である。しかし、被災者から見れば、このことが耐え難いこともある。焦らされてしまうこともある。もはや、その時点で、「しばらくは畑で朝陽を浴びて作業をしたい」とは言えない。こうして制度が圧倒的な力となって、一人一人の被災者を拘束する。

臨床哲学者の鷲田清一は、効率的な行為を優先し、待たないことに価値を置き、実際、待つことが少なくなった現代社会の中で、待つことの復権を唱えている[63]。その議論は、他動詞としての待つ（〜を待つ）を超えて、自動詞としての「待つ」ことを再考しようとするものである。自動詞としての「待つ」とは、単に偶然に任せて受け身的に何かを待つのではなく、未来に対して自らを開いておくという姿勢のことである。

災害復興では、こうした姿勢が求められているのではないだろうか。確かに、復興過程におい

61　田村圭子・林　春男・立木茂雄・木村玲欧（二〇〇一）「阪神・淡路大震災からの生活再建七要素モデルの検証―二〇〇一年京大防災研究復興調査報告」地域安全学会論文集、三、三三－四〇

62　高玉潔・渥美公秀・加藤謙介・宮本匠・関嘉寛・諏訪晃一・山口悦子（二〇〇七）「台湾九二一震災後における農山村の復興―桃米生態村の事例研究」自然災害科学、一五、四九一－五〇六、四九一－五〇六

63　鷲田清一（二〇〇六）『「待つ」ということ』角川書店

て、素早い決断や効率が最優先だと明言することはさすがに多くはない。しかし、制度や仕組みを整備して復興を進めようとすると、どうしても期限を切って効率よく支援しようとすることになる。その結果、被災者が未来に対して自らを開いて「待つ」という姿勢はかき消されてしまう。もし、復興を進める制度が被災者を拘束するのであれば、もっと被災者への配慮をもって制度を適用すべきだということで済むかもしれない。これは、マナーや道義の問題である。そうであれば、マナーの悪い現状や、道義にもとる動きを批判していけばよい。しかし、問題は、そうした表面的な拘束ではない。被災者や被災地の復興のための善意に包まれた制度が、実は根本的に被災者を圧迫するということである。それは、「誰が誰の生をどこまでコントロールするのか」という根本的な問題を不問に付す圧力である。この力を〈暴力〉と書いて、通常の暴力と区別しよう。

復興に潜む〈暴力〉

復興とは何かと考える場合には、「誰が誰の生をどこまでコントロールできるのか」という問いに無頓着なまま、いかにも善意を装って制度という圧倒的な力を持ち込む密やかな〈暴力〉を射程に入れておきたい。実は、人を生かそうとする場面で、〈暴力〉は、現代社会にあふれている。脳死、安楽死という生の終わりの場面。生命技術という生の始まりの場面。介護という生を支える場面。どの場面でも、いったい誰が誰の生をどこまでコントロールできるのかという問いにはなかなか応えられていない。

なお、ここでいう生は、生活や人生ばかりではなく、むしろ生命に近いと考えたい。生活なら制度も役立つだろうし、人生なら宗教といった救済も必要となることもあろう。しかし、ここでいう〈暴力〉が密やかに暴力的なのは、結局、生命をも捉えようとする点である。しかも、個人の生命だけではない。集落の生にも〈暴力〉は及ぶのである。

ここで改めて、「復興とは?」という問いに応えるならば、それは、災害後にこうした〈暴力〉と闘うことである。そして、復興を支援するということは、こうした〈暴力〉に晒される人々とともに〈暴力〉に敏感に反応し、抗うことである。

具体的には、どうすればよいだろうか。復興に関わる研究者に求められることは何であろうか。まずは、被災された方々の「ただ傍《そば》にいる」ことを改めて強調しておく。足湯が身体接触によって、被災者との一体感を生み出し、新しい関係を紡ぎ出すように、復興において、被災者に限りなく近く、皮膚感覚を刺激するほど傍《そば》にいることで、一体感と新しい関係を紡ぎ出すことが必要である。その関係をもとに、〈暴力〉を敏感に感じ取ることが重要である。それをいかに言語化して、抗う実践へとつなげていけるかが次の課題である。

ただし、一つのローカルな関係から一般化した何かを主張するのではない。また、様々な関係から学んだことを代表的な意見に集約するのでもない。それでは結局、制度に絡め取られるからである。そうではなく、個々の関係をそれぞれに差異化させ続ける。たった一つの関係をいくつもいくつも作っていくことである。そして、その一つ一つにおいて、「誰が誰の生をコントロールするのか」という問いを生活・人生・生命の問題として、被災地の人々と共に考えていくことである。そこには、言葉にならないもっと情動的な次元や身体的な次元も含まれてくるだろう。復興は、人に関わり、〈暴力〉に抗う運動である。

2　復興過程と災害ボランティア――過去、現在、未来に注目して

復興は、それが達成されるにつれ、復興という言葉が使われなくなるという特徴をもつ。例えば、被災後は、復興まちづくりと称して様々な活動が被災地で展開される。そして、いつのまにか、それは、復興と言わない通常のまちづくりへと変貌を遂げる。そうなった時に、その街は、まさに復興したと言えるのだろう。復興過程に関わる災害ボランティアも、復興支援ボランティアと呼ばれたりするが、復興が達成された時には、もはや、災害ボランティアでもなく、復興支援ボランティアでもなく、はたまた、ボランティアでさえなく、単に、まちづくりを進める仲間として存在することになる。

実際、活動の当初から、復興という言葉が消失することを見越して、復興と声高に叫ばずに行われる活動もある。例えば、第一章で紹介した書道教室などは、復興書道教室などと銘打って行われているわけではない。しかし、そこには、参加者（住民）が、落ち着いて字を書く時間を楽しみながら、人間関係を（再）構築し、徐々に日常へと帰って行く姿がある。前節で論じたような〈暴力〉に抗いつつ、実践としては、こうした、いわば、「復興とは言わない復興」こそが求められるのだと思われる。

ところで、災害復興には、その過程において、いかなる時間が表象されているかということによって、それぞれに特徴的な活動がある。端的には、過去を振り返りつつも未決の未来へと進む活動、いま―ここを重視する活動、そして、未来のある時点を描き出して、そこへと向かう時として現在を捉える活動である。災害と時間については、既に、秀逸な研究[64]があるので、ここでは、災害ボランティアが関わる具体的な事例を紹介しながら、災害ボランティアとの関係に注目する。具体的には、まず、被災地の歴史、文化、習俗、伝統などに配視し、主に過去との連絡をとりながら復興を進める活動がある。次に、いわば被災地でのいま―ここに注目し、住民が自ら次々と活動を展開できるように寄り添っていく活動がある。最後に、復興後の将来に焦点を当て、そのような将来を演出する物語を紡ぎ出す活動がある。いずれの場合も、災害ボランティアは、決し

64　矢守克也（二〇〇九）「防災の〈時間〉論」矢守克也『防災人間科学』東京大学出版会所収

て主役となることなく、被災地の人々が中心となって活動が展開されることはいうまでもない。

伝統行事に死者を想う——過去を踏まえた復興

災害復興論には、死者の存在（臨在）が欠落しているように思う。当該の災害によって尊い命を落とされた方々に度々言及されるのは当然である。しかし、我々は、災害の犠牲者を含む、もっと多くの死者に囲まれて生きているのではないだろうか？　例えば、東日本大震災後に書かれた小説[65]には、津波で犠牲になった人々の声とともに、多くの死者のことを語る人々が登場する。

「東京大空襲の時も、（中略）広島への原爆投下の時も、長崎の時も、他の数多くの災害の折りも、僕らは死者と手を携えて前に進んできたんじゃないだろうか？　しかし、いつからかこの国は死者を抱きしめていることが出来なくなった。」

「亡くなった人はこの世にいない。すぐに忘れて自分の人生をいきるべきだ。まったくそうだ。（中略）でも、本当にそれだけが正しい道だろうか。なくなった人の声に時間をかけて耳を傾けて悲しんで悼んで、同時に少しずつ前に歩くんじゃないのか。死者と共に」

また、内山節[66]は、わが国の地域社会を分析する中で、共同体が生者だけでなく、死者および自然とともに成立しているとしている。さらに、安藤泰至[67]は、死や死者を排除することなく、「今、ここに（死者と共に）生きている」私たちの生に寄り添うような文化を医療文化とし、その創生を求めているが、これはそのまま災害文化と置き換えてもよい。

復興と言えば、建物の再建、生業の再開など生者にとっての生活再建や、堤防の修復や緊急道路の確保など、生者やこれから生まれ来る者たちだけを視野に入れた災害復興論ばかりである。もちろん、生者の生活こそが重視されねばならないし、地域社会の減災に向けた対策が必要であることは言うまでもない。ただ、これらは、文字通り「言うまでもない」当然のことである。問題は、そこで議論が途絶していることである。

ここでいう死者は、親類縁者や先祖に限るわけではない。また、東日本大震災で犠牲になった方々に限るわけでもない。我々の社会に臨在する不特定の死者である。この欠落を補うことが災害復興論の一つの課題であろう。無論、その際、死者を英雄と讃え、死者に生者のコントロール

65　いとうせいこう（二〇一三）『想像ラジオ』河出書房新社
66　内山節（二〇一二）『内山節のローカリズム原論—新しい共同体をデザインする』農文協
67　安藤泰至（編著）（二〇一一）『「いのちの思想」を掘り起こす—生命倫理の再生に向けて』岩波書店

を負わせることは避けるべきである。実践的には、被災した地域に深く沈潜し、その文化・歴史・伝統を育んできた死者を召喚し、災害復興を構想していくということである。ここで、災害ボランティアが関わる一つの事例を紹介しよう。

二十村郷盆踊り

二〇〇四年の新潟県中越地震で被災した小千谷市塩谷集落および周辺の集落が一堂に会して開催してきた「二十村郷盆踊り大会」を紹介する。中越地震から五年を迎えようとしていた二〇〇九年八月二九日、小千谷市塩谷集落の通称「大下ドーム」(重機置き場)は、異様とも言える昂揚感に包まれていた。背中に龍をあしらい「仙龍」と書かれた赤い法被、あるいは、背中に大きく赤い文字で「塩谷」と染め抜いた紺の法被の塩谷集落の人々、背中には木沢、襟元に「フレンドシップ木沢」と書かれた青い法被の旧川口町木沢集落の人々、背中と襟元に「はぁとふる荒谷塾」と書かれたピンクの法被の旧川口町荒谷集落の人々、そして、屋号をあしらった提灯をもち白い浴衣に身を包んだ旧山古志村東竹沢集落の人々が、ところ狭しと伝統的なステップで踊り続ける。中央に置かれた太鼓は、様々な色の法被の人が代わる代わる打ち、音頭はスムーズにやりとりされる。大阪大学や関西学院大学、そして、地元の長岡技術科学大学などの学生も浴衣を着たりして混じっている。踊り疲れた人々が、踊りの輪から離れ、あちらこちらで話に花を咲かせている。終了後、参加者は口々に、楽しかった、有意義な会だったと話し、興奮冷めやらぬ姿で各集落へと向かうバスに乗った。

これは、第二回二十村郷盆踊り大会の風景である。第二回ということからわかるように、これは中越地震の後で始まった行事であっていわゆる伝統行事ではない。また、二十村郷というのは、塩谷など大会に参加した集落を含む一帯を指すが、その境界は必ずしも明確ではない。被災後に、境界の曖昧な地域で始まった行事が、なぜ、それほどまでの昂揚感をもたらすのだろうか。そして、そのことは被災地の復興にとってどのような意義を持っているのだろうか。

盆踊りは、従来、二十村郷の各集落でそれぞれに開催されていた。しかし、各集落が閉鎖的に行うものではなく、互いに訪問して踊るという交流の場であった。ただし、複数の集落が一堂に会して盆踊り大会をするようなことはなかった。実は、二十村郷盆踊り大会の発案者は、現地に長期にわたって滞在しながら活動していた災害ボランティアであった。ただし、発案者が誰かということは、あえて顕在化させず、有志が発案した行事として始められ、第一回大会(二〇〇八年八月二四日)が成功したために、現在では、企画に加わった集落が順番に開催するという流れになった。

二十村郷盆踊り大会は、中越地震で被災した地域の人々が、目標を顕示するかどうかは別として、復興過程において展開してきた協働的実践の一部である。ここで過去との繋がりに注目して、二十村郷盆踊り大会で見られた異様なまでの昂揚感を考察してみよう。

まず、二十村郷盆踊り大会は、過去を協働想起する場であった。二十村郷盆踊り大会の場は、盆踊り唄や踊りなどを通じて、過去に盆踊りをしていた死者を召還し、互いに共有する歴史や思い出を確認し合って、復興へと想いを馳せる場であった。協働想起は、出来事について、いわゆる客観的な真実・真偽を問うことに関心のある概念ではない。事実、先に紹介したように、二十村郷そのものの境界さえ曖昧であった。したがって、二十村郷盆踊り大会は何も客観的事実＝史実としての過去を協働想起したわけでなく、創作的な過去をも含む協働想起の場となったのであろう。

では、二十村郷盆踊り大会を通じて過去を協働想起することによって、あれほどの昂揚感が生まれたのはなぜだろうか。中越地震では、集落全体が避難を余儀なくされたり仮設住宅の生活から集落に戻る人と戻らない（戻れない）人とが生まれたりした。このことは、過去には存在していたであろう集落としての一体感に影響したと思われる。事実、塩谷集落では、地震から五年以上を経過した時点でも、一体感を希求する声は聴かれた。中越地震が破壊した過去との連続性が（擬制的、をもっていた過去を協働想起することによって、二十村郷盆踊り大会を通じて、一体感虚構的であれ）回復されたから、あのような昂揚感が生まれたと言えるのではなかろうか。

次に、二十村郷盆踊りが、踊りや盆踊り唄という身体的パフォーマンスを伴った協働想起の場であったことも昂揚感を生んだ要因であると指摘しておきたい。二十村郷盆踊り大会には、踊り、歌、太鼓が共鳴するパフォーマティブな場が現出していた。さらに、各集落で復興支援を展開している外部ボランティアや研究者もただただ踊り続け、太鼓を打ち鳴らしたのであった。

では、身体的パフォーマンスによる協働想起が、これほどまでの昂揚感を生みだしたのはなぜだろうか。ここでは、「言語化の一時停止」という考え方を導入して考察したい。研究者をはじめとする外部支援者は、ローカルな現場で出会う様々な事象を言語化する。正確には、外部支援者は、すでに現場に堆積していながらも言語化を遂げていなかった事柄を言語化する。そして、他のローカルな現場へと知をつなげていくことを使命とする。ところが、二十村盆踊り大会では、そういった外部支援者もただただ踊り続けたわけである。確かに、研究者は、二十村郷盆踊り大会を言語化し、それが他のローカルな現場に伝わる可能性を追求すべきである。しかし、二十村郷盆踊り大会の、その時その場で、研究者自身が踊り続けたことは無意味だったのではない。研究者は、言語化の営みを一時停止し、一緒になってパフォーマンスを通じた協働的実践を行っていたわけであり、その姿そのものが、他の研究者や外部ボランティア、そして、何より、当事者の目に映り、脳裏に残ることが、今後のインターローカルな展開へとつながる可能性がある。それを自覚するからこそ、研究者もただただ踊り続けたわけである。中越地震からの復興に関する様々な言説（復興計画やイベントも含む）、共有される歴史や文化といった様々に協働想起されることを越えて、ただただ踊り続けるという身体的パフォーマンスを介した協働想起が、生の燃焼とでも形容される昂揚感として広がっていったのではなかろうか。

住民自身が、二十村郷という範囲に照準し、一堂に会する盆踊りを企画し、実施していくことは画期的であった。それは、過去を振り返ることで、死者を召喚し、今後の復興において、自治体の境界とは独立に、住民が主導して（二十村郷という曖昧な）地域の復興の未来を展望する契機となった。

実践的には、災害復興過程において、協働想起を意図的、戦略的に用いることを考えたい。この事例をもとに、協働想起を災害復興のツールへと転換し、現場の復興過程に寄与することが実践的課題である。例えば、現在、第一章で触れたように、東日本大震災の被災地では、伝統行事「なもみ」に関する研究を始めている。これは、「なもみ」という習俗への民俗学的関心を超えて、過去（に「なもみ」を行った人々＝死者たち）を想起することを通して復興へとつなげる道筋を探るアクションリサーチである。

比喩を巡って活性化していく——復興のいま—ここに関わる

現在進行中の復興過程を考える際、二〇一三年度上期のＮＨＫ連続テレビ小説「あまちゃん」

の舞台となった北三陸地域に生きる主人公の祖母（夏ばっぱ）が述べた台詞が、印象的である……「（海女のミサンガでは、）張り合いがねぇ」。ドラマの中でも描かれた東日本大震災からの復興過程で、ミサンガづくりが行われる。海女としての収入を奪われた人たちがミサンガを作り、販売していくという流れの中での台詞である。ミサンガ作りは、決して無駄だったわけではなく、ドラマの中でも、主人公の幸運を引き寄せる役目を果たしている。しかし、当初の目的である経済的な効果は描かれていない。

災害復興過程において、生業支援がもっとも重大であり、少しでも収入が入るようにと力を尽くす支援活動は、理解できる。実際、ミサンガや手芸品、あるいは、山の幸などを販売することで被災地に収入をもたらす活動も熱心に行われている。ただ、そうした物品の商品としての価値だけに注目するのでは不十分であろう。ドラマの夏ばっぱは、何もミサンガを嫌ったのではない（むしろ推進したのは彼女である）し、そこから得られる収入の少なさに真の不満を持っていたわけでもなかろう。夏ばっぱは、自分たちの海女としての世界への関わり方と比較して、ミサンガを作る時の世界への関わり方に違和を感じたということではなかろうか。彼女は、ウニなどの獲物を売って収入を得るだけでなく、自分から海と関わっていく生き方に誇りを取り戻したかったのではなかろうか？

災害復興の今に関わるのであれば、今を生きる現場の人々が、誇りをもって、自ら動けるような場を設《しつら》えることが目指される。災害ボランティアが復興過程に関わる際には、被災地の住民が何に誇りを持って生活しているかを察知し、住民自らが動けることを阻害せず、できれば推進できるような場を設けていくことが求められる。幸い、災害ボランティアは、外部者としての関わりを通じて、住民が普通に行ってはいても特に意識していなかった事柄、言い換えれば、身体のレベルに留まっていて言語化されていない事柄の存在に気づくことがある。それらを言語化して明示することが復興に繋がる場合もあるだろうし、身体のレベルで留まる方がうまく行く場合もあるだろう。ここでは、メタファーを用いて、住民自らが動きやすくなるきっかけを提示した事例を紹介する。

塩谷分校

二〇〇四年の新潟県中越地震で被災した塩谷集落では、二〇〇八年春以来、「塩谷分校」と称する有志の会がある。塩谷分校は、筆者らが、二〇〇八年から集落で開催した連続ワークショップの結果、住民の学び合いを通した復興活動を目的として生まれた。積雪の多い地域なので、冬の間は、地域の習俗などについて専門家の話を聴く座学がある。第一回は、二〇〇九年一月に長岡技術科学大学准教授で雪氷学を専門とする上村靖司による「雪がエネルギーになる」と題した講演であった。一方、雪のない期間は、住民が教える側に立ち、集落を訪れる災害ボランティアに、農作業などを教える。例えば、毎年五月には、田植え交流会が催される。行事計画は、随時開かれる定例会で決定される。実際には、参加する住民が減少したり、座学が途絶えたりするなどの問題も生じているが、現在も活発な活動が行われている。

この事例では、「分校」というメタファーが存分に活用されている。活動を開始した当初から、分校の代表となる住民は、「生徒会長」と呼ばれ、毎回の行事を担当する住民は、「日直」であり、行事の後の懇親会は、「給食係」が担当してきた。生徒会長と呼ばれることによって、全体をまとめて行く責任が自覚される。また、日直は、輪番制なので、代表以外の様々な住民が責任をもって関わる機会が開かれる。また、懇親会では、給食係が「いただきます！」と宣言することによって食事が開始され、堅苦しい挨拶など虚礼を排除できる。

ここで特に注目したいのは、メタファーが、住民自らの主体的な活動を誘発してきていることである。まず行われたのは、「卒業式」である。集落に関わる災害ボランティアは、地元の長岡技術科学大学、および、大阪大学、関西学院大学などの学生が多い。三月になると大学を卒業するとともに、集落との関わりも途絶してしまう。そこで、塩谷分校では、集落内での活動をともにしてきた学生ボランティアを塩谷分校からも卒業させることになり、卒業式を行い、「卒業証書」を手渡している。また、卒業生となった元学生ボランティアは、「同窓会」を結成し、社会人になってからも、今度は同窓生として集落を訪ねる機会を維持している。さらに、卒業式での音楽演奏は、

「軽音部」が担っている。なお、まだ実現はしていないが、親睦をより深めるために、温泉旅行を「遠足」として実施しようという声も出ている。

メタファーとは、ある物事の名称を、類似してはいるが別の物事を表すために使う言葉で置き換えることである。その際、二つの言葉の関係については、予め、話者達の間で共通の理解を得ていなければメタファーとして機能しない。つまり、別の物事を表す言葉として、あまりに突拍子もない言葉が持ち出されると、誰も両者の関係を理解できず、メタファーとしての役割は果たせない。したがって、メタファーは、うまく作用した時には、お互いに共同性を承認し合い、お互いに住むことのできる共同の世界を作り出す[68]。第二章で述べたグループ・ダイナミックスの用語でいえば、同じかやのなかにいることが確認される。

ケネス・ガーゲンは、慣習的な理解の枠組みを脱することを促すような理論的展開を導くための手法の一つとして、新しいメタファーの探求を挙げている[69]。例えば、仕事をアメリカンフットボールというメタファーで語る場合には、クォーターバックを中心に、フォーメーションを事前に緻密に整えることに言及し、仕事は計画的に進めていくという理解に落ち着くだろう。ところが、同じ仕事をラグビーというメタファーを用いて語ってみると、むしろ、計画性という慣習的な理解の枠組みが崩れ、臨機応変に対応することが話題の中心になったりする。このことから、メタファーは、既存のかやを変化させる機能があると考えてよかろう。

塩谷分校の事例で見たことは、メタファーの共同性の確認と変革の機能を活用した活動であった。中越地震から時間が経つにつれ、塩谷集落では、復興への希望が募ると同時に、うまく行かないという不全感も漂っていた。住民達が、筆者らのワークショップに集ったのも、閉塞感に満ちてきた集落を何とか変革したいという思いからであった。ただ、何かしたいという気持ちはあっても、自分たちではなかなか動くことができないのが現状であった。そこへ、塩谷分校という名称が飛び出し、学校というメタファーが導入された。塩谷分校に集う有志は、学校に通うという共通の経験をもち、学校に備わる様々な役割などには精通していた。そして、塩谷分校という学校に通う塩谷住民という共同性を確認していった。そして、学校というメタファーに導かれて、次から次へと、アイデアを出し、実行に移していった。

塩谷分校という活動では、分校という学校のメタファーを導入したことにより、学校であれば通常見られる活動が、次々と思い浮かび、集落の復興という文脈で実施されている。ここで重要なのは、卒業式、同窓会、軽音部、遠足といった活動は、住民主導で導き出されたということである。実際、筆者ら、復興に関わってきた災害ボランティアや研究者の役割は、集落の有志とと

68　菅野盾樹（二〇〇三）『新修辞学―「反哲学的」考察』世織書房

69　Gergen, K. J. (1994). *Toward Transformation in Social Knowledge*. 2nd ed. London : Sage. 杉万俊夫・矢守克也・渥美公秀監訳（一九九八）『もう一つの社会心理学―社会行動学の転換に向けて』ナカニシヤ出版

もに考える場としてワークショップを開催し、その場での合意として、塩谷分校という学校メタファーの導入を図ったところで終わっているとも言える。言い換えれば、メタファーによって、住民が自らの問題として復興を考え、様々な取り組みを行うようになってきているのである。

もちろん、塩谷集落は学校ではなく、塩谷分校もあくまでメタファーである。メタファーがうまく作動するだけでは、復興は達成できない。また、中山間過疎地におけるこうした活動は、他の作業と同様に、担い手が不足していくことは否めないという現実もある。しかし、いま―ここにある災害復興過程において、住民が、誇りをもって、自ら動ける場を主体的に形成している経験は、これからの長期的な復興へと繋がることは確実であろう。

この事例から、メタファーを災害復興のツールへと転換し、現場の復興過程に寄与することが実践的課題である。例えば、現在、第一章で触れた東日本大震災の被災地、野田村では、ある仮設住宅で「月例誕生会」が開かれている。実際には、特定の誰かの誕生日を祝うわけではなく、毎月一回、仮設住宅の住民と災害ボランティアが飲食をともにして交流を深め、同時に、住宅再建などの話をしていく場である。この活動も「誕生会」とメタファーが導入されて以来、何かを持ち寄ったりしながら、持続的に集まる場となって継続されている。その場は、復興の現在を活かすアクションリサーチの場でもある。

未来の物語を生きる――未来に関わる

災害復興の場面では、通常、行政から、様々な設計図や理念図を含んだ復興計画が示される。確かに、災害で破壊された街が見事に復活した様子が提示されると復興が進んだように見える。しかし、誰がその計画を立てたのか、復興した街で生活する人々の視点は入っているのかといった根本的な事柄は、必ずしも、積極的に議論されず、計画が粛々と実行される。

こうした復興計画は、そもそも、行政文書ゆえに一般にはわかりにくい。図が入っているかと思えば、これが現実かと見紛うほどに美しく描かれていたりして、かえって現実味がないといった批判が出てくるのも自然である。実際、復興計画を前にして、住民が議論してみても、何を議論すればよいのかわからないというのが正直なところではなかろうか。さらに重大なことは、こうした計画には、動きがない。すなわち、どのようなプロセスを経て、計画されたような未来へと進むのか、その間、誰がどのように関わっていくことができるのかといったことがわかりづらい。ここでは、被災地の住民が話し合いを重ね、わかりやすく、動きのある計画を練り、実施した事例を紹介する。

物語復興

一九八九年、サンフランシスコ近郊を襲ったロマプリータ地震で被害を受けたサンタクルーズという街の復興では、こうした問題に対し、印象的な取り組みが行われた。そのプロセスは、物語復興として日本にも紹介された[70]。

震災によって壊滅的な被害を受けたサンタクルーズのダウンタウンでは、商店主らが集まって、市当局と協働して、話し合いを重ね、復興計画「ヴィジョン・サンタクルーズ」を作成した。その中には、住民の視点を投入する方法として、将来のダウンタウンの様子などを綴った一六ページにわたる散文（設計図や理念図の羅列ではない）が含まれていた。これが「物語」である。未来を描くこの「物語」のキーワードは、「市民のお茶の間 civic living room」であった。「物語」は、市民と行政の会合での議論の際に述べられ、「将来ここがお茶の間なら、座る場所が必要だから、ここにベンチを」、「市民のお茶の間ということであれば、映画館があって、そこに夜遅くなっても人が来てくれるように」、「お茶の間になるなら車で気楽に来てアイスクリームを食べていけるよう、駐車場はこの区画に」といった具合に未来から現在を考えていく議論が進み、ダウンタウンは見事に復興を遂げた。

実践的には、災害後にこうした物語を編むことができるような話し合いを根気よく続けていくためにはどうすればよいかということが問題になるのは当然であるが、ここでは、災害復興における物語がもつ現実構成力について考えてみよう。
なぜ物語に着目するのだろうか。それは、端的に、物語を通して現実が構成されるからである。現実があって、物語が構成されるのではなく、物語によって現実が構成されると考えられるからである。

現実は目の前にあって、それ以外のものは虚構であり夢であると考えるのは自然だろう。物語など虚構の最たるものであって、現実とは何ら関わりがないと思う人々がいることも当然ではある。しかし、われわれは物語が現実を構成することについて、実はよく知っている。発達心理学者の麻生武は、サンタクロースの物語が現実を構成している様子に着目し、子どもにとっては、サンタクロースの存在を否定する方がむしろ非現実的であるというほど、サンタクロース（が存在する）という現実が強力に構成されていると指摘し、「『現実』だから人々に『共有されている』のではなく、人々に『共有されている』から『現実』なのである」と述べている。[71]

ただ、物語の構成力が強いからといって、物語と復興を等値することには、危険が伴う。哲学者野家啓一は、「歴史は物語である」とした。[72] 物語の構成力を示したこの言葉は、しかし、批判

70 災害復興制度研究所（二〇〇九）『サンタクルズダウンタウン復興計画（和文訳）』関西学院大学災害復興制度研究所
71 麻生武（一九九六）『ファンタジーと現実』金子書房
72 野家啓一（一九九六）『物語の哲学』岩波書店

を受けることになった。本来は、複数の異なる物語が対立・抗争の関係にあるのが歴史であり、実際には、ある物語を採って別の物語を斥けようとする力が働く以上、「歴史は物語である」と指摘するだけではすまされないという批判である。

上記の批判は、物語復興にもそのまま当てはまる。復興は物語であると述べるだけではなく、多様な物語間の対立・抗争の中で、声なき声にも耳を傾け、具体的・実質的・批判的な検討を加え続けること、しかも、論理的、倫理的、さらに政治的な批判を実践することが求められるからである。

復興の物語を紡ぎ出し、鍛え上げ、実現していく際には、災害ボランティアが関わるとよいだろう。被災地外部から訪れる災害ボランティアにとって、その地域では当たり前になっていることが、必ずしも当たり前ではない。その結果、被災地の住民が一つ一つ言語化することなく行ってきた事柄について改めて問い、言語化を求めることがある。このことが、物語を豊かにするだろうからである。

東日本大震災の復興過程では、未だ物語の創作が十分に行われているとはいえない。第一章で紹介したチーム北リアスでは、商工会青年部らとの会合を重ね、いかなる物語を紡ぎ出せるか、寄り添いを継続している段階である。

3　可視化――復興曲線

ここまで述べてきたような、様々な復興過程に災害ボランティアが参与していく際には、持続的に、当事者と対話を重ねていくことが求められる。しかし、長期にわたって、滞在を続けていると、住民と災害ボランティアとの間で、言わなくてもわかることが増大し、かえって、復興への道標を見失うことにもなりかねない。そこで、復興過程を可視化しつつ、対話を重ねて行くためのツールとして開発されたのが復興曲線である。[73]

復興曲線は、被災者の方々に、自分の気持ちの浮き沈み、地域の雰囲気の変化などについて、曲線を用いて描いてもらう手法である。典型的な手順を説明しよう。まず、直行する二つの直線、横軸のX軸と縦軸のY軸が描かれたシート（通常は、A４判）を準備し、提示する。そして、「横軸は地震からの時間軸、縦軸は地震からの盛り上がりや落ち込みの軸です。発災の日からの状態を曲線にして描いてみてください」と説明し、曲線を描いてもらう。X軸には、具体的な時間や日付に関しては何も表記せず、またY軸に関しても具体的な値などは書かれていない。ただ、原

73　Miyamoto, T. & Atsumi, T. (2011). Visualization of Disaster Revitation Processes–Collective Construction of Survivors' Experiences in the 2004 Niigata Chuetsu Earthquake, *Progress in Asian Social Psychology*, 8, 307-323　この論文には、二〇〇四年新潟県中越地震の被災地で描いてもらった様々な復興曲線が採り上げられている。

図 5.1　2011 年 12 月の復興曲線

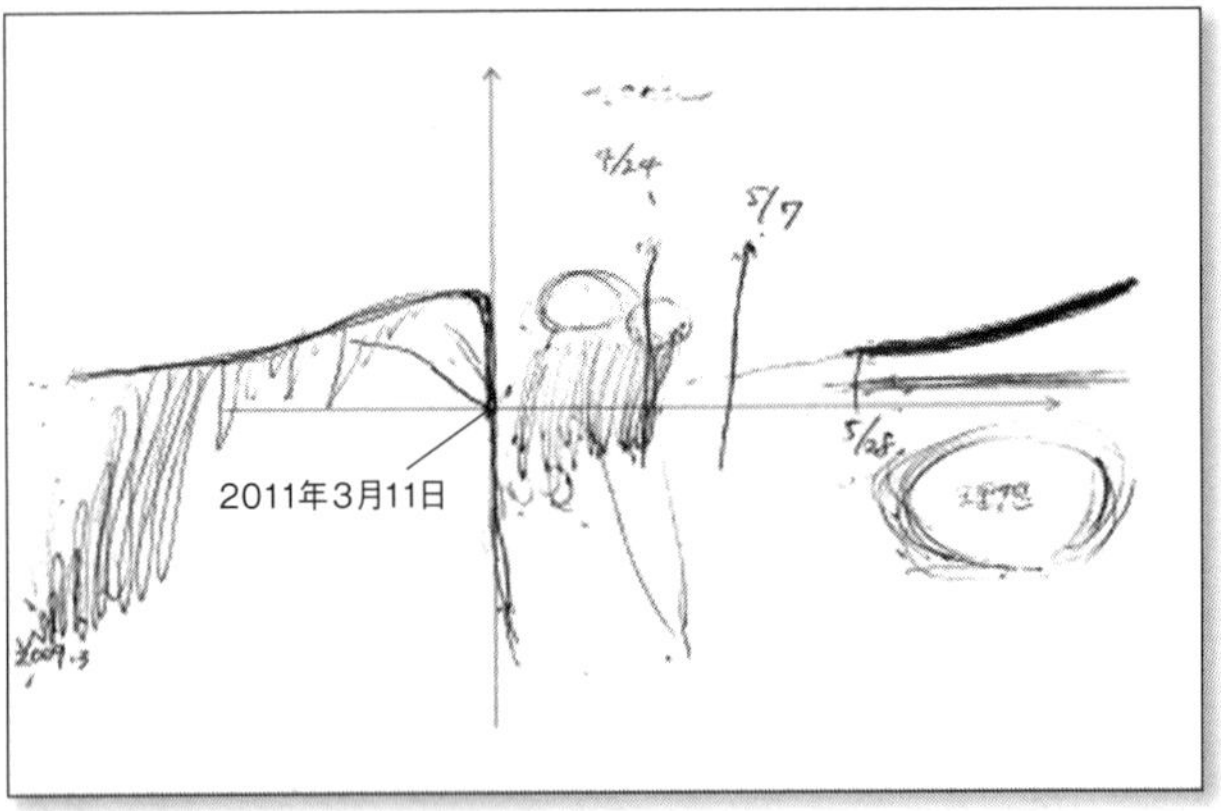

点が発災の日時ということだけが指定されている。曲線を描いてもらった後、曲線の屈折する箇所などに注目して、どのような出来事があったのかを聞きとっていく。通常、一時間程度で一通りの過程が終了する。

たったこれだけである。時間軸となる横軸に目盛りはないから、時間は自由に伸縮する。縦軸には単位もないから、時には自らの気分、時には、地域の雰囲気などが反映されたりする。また、一枚では書ききれなかったら継ぎ足したりして構わない。ポイントは、曲線や軸の正確さではなく、描かれた曲線を巡って、描き手と聴き手が対話を行うことができればよいわけである。復興曲線が、曲線を介した対話ツールである点を見落としてはならない。

復興曲線の例

ここでは、東日本大震災で被災されたAさんに、

図 5.2　2012 年 11 月の復興曲線

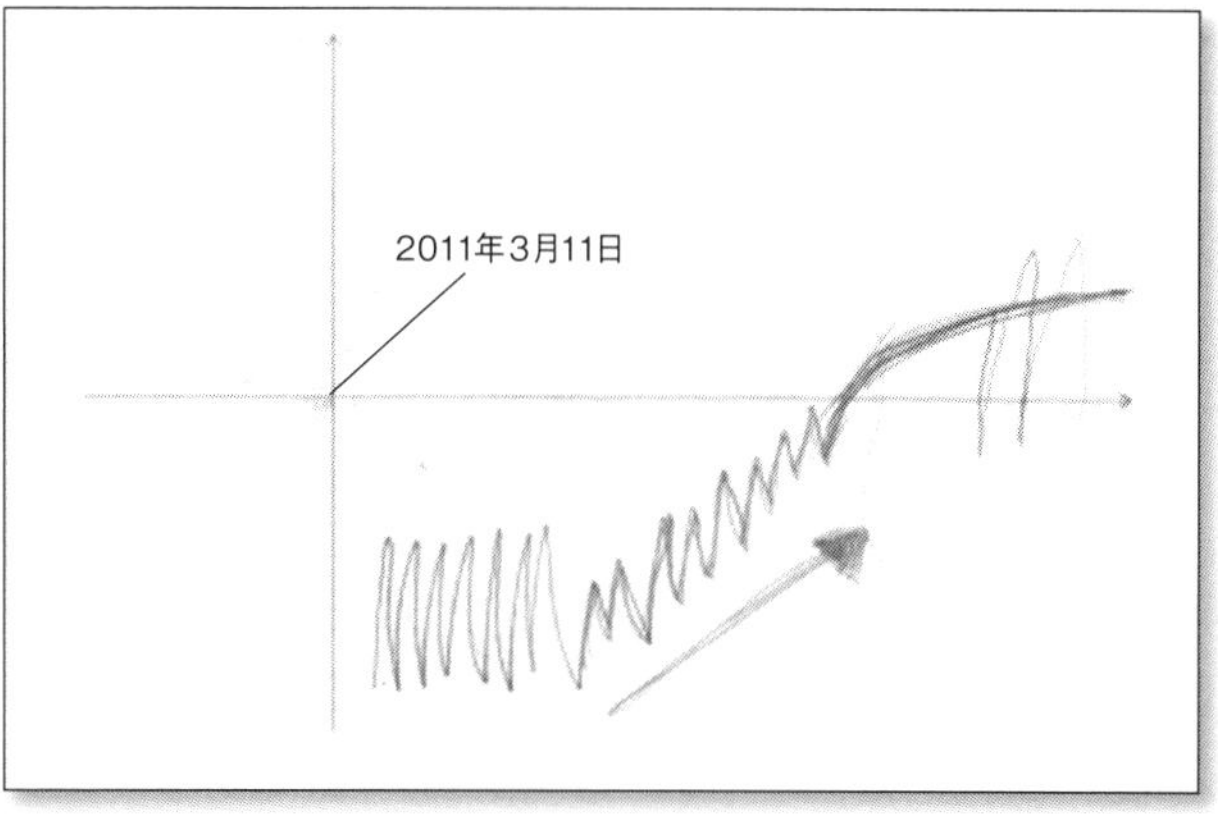

二〇一一年一二月と二〇一二年一一月に描いてもらった二つの曲線を例として、その含意を紹介する。[74] 図5・1は、二〇一一年一二月に描いてもらったものである。「被災前から現在まで」もともに描かれている（被災前については、次項で述べる）。地震後の曲線の構成要素は、主に、被災後の不安や喜びの感情であり、地震直後の振動する曲線について、例えば、「人が来てくれたときって元気になるんですよね。でも落ち込んで、元気になって、ずっとその繰り返しでした」といった具合に語り、聴き手が、「曲線が落ち着いたとこってなにかきっかけがあったんですか？」と尋ねると、「桜祭りがあって、炊き出しの大きいイベントがあったんです。みんなが元気そうにしているのを見てよかったたって。」という風に応えたりしていた。

74　岩橋裕介（二〇一三）「震災復興における『語り』の変容過程」平成二三年度大阪大学人間科学部卒業論文

図5・2は、約一年後、二〇一二年一一月に同じくAさんに描いてもらった曲線である。その後のインタビューから、この曲線の構成要素も、被災後の彼女の不安や喜びの感情が主であることはわかったが、図5・1と比べて曲線の形が大きく異なっている。図5・1では、嬉しい出来事として描かれていた事柄も、ここではY軸のマイナス側にある。また、曲線がある程度なめらかになった時期（右端）について尋ねてみても、何がきっかけであったのか「分からない」という会話が得られている。

図5・1と図5・2を比較すると、被災直後の形が大きく変化している。図5・1では、X軸をはさんで気持ちが不安定であるのに対し、図5・2では、X軸よりも低い位置で気持ちが不安定である。このことについて、Aさんは、「すごくうれしいんだけど、パッて振り返ると自分の現実があるので（中略）自分の状態として低い状態。自分じゃなくて周りもこれからどうなるんだっていう不安が続いている感じですね」と述べている。

復興曲線から見えてくること

復興曲線は対話のツールであることを繰り返し述べてきた。Aさんとの対話も、実際には、ここで紹介したことは、そのほんの一部に過ぎない。ここで、復興曲線に少し工夫を加えると、さらに豊かな対話が構成される。ここでは、そうした工夫を三点紹介しておきたい。

まず第一に、X軸の負の領域に注目する。原点が、災害発生時であったから、注目している部分は、災害が起こる前を見ていることになる。図5・1にも、実は、この領域に曲線が描かれていた。それは、東日本大震災が起こる前に、Aさんが、ある出来事について頑張ってきて、ある程度うまく行っていると感じていたことを示している。

地震が典型的であるが、災害は、突如としてそれまでの日常生活を破壊する。通常は、被災体験を語り、そこからどのように立ち直り、復興に向けて動いてきたかという対話が構成されるが、翻って考えてみれば、災害復興は、被災前の生活をベースにしながら、様々な要因を加味して進んでいく。実際、中越地震の場合には、被災前から続く過疎問題に焦点があたるし、東日本大震災で誇りを取り戻すには、例えば、被災前の生業の再開が議論されることになる。復興曲線をX軸の負の方向へと拡張することの意義は大きい。

第二に、同じシートに複数の復興曲線を描くという工夫もある。例えば、通常の曲線の描かれたシートに、集落全体の復興の様子を曲線として表してもらうのである。両者が完全に重なるなどということは、ほぼ考えられないだろうから、曲線が互いに離れている部分に注目して対話を進めることができる。実際、集落は早々と復興したというムードに浸っているが、自分はまだまだそんな気分にならないという話も出てくるだろう。また、通常の曲線を描いている時のY軸と集落の復興を描いている時のY軸が異なるといった対話が生まれるかもしれない。

図 5.3　2011 年と 2012 年の曲線（被災～いま）の比較

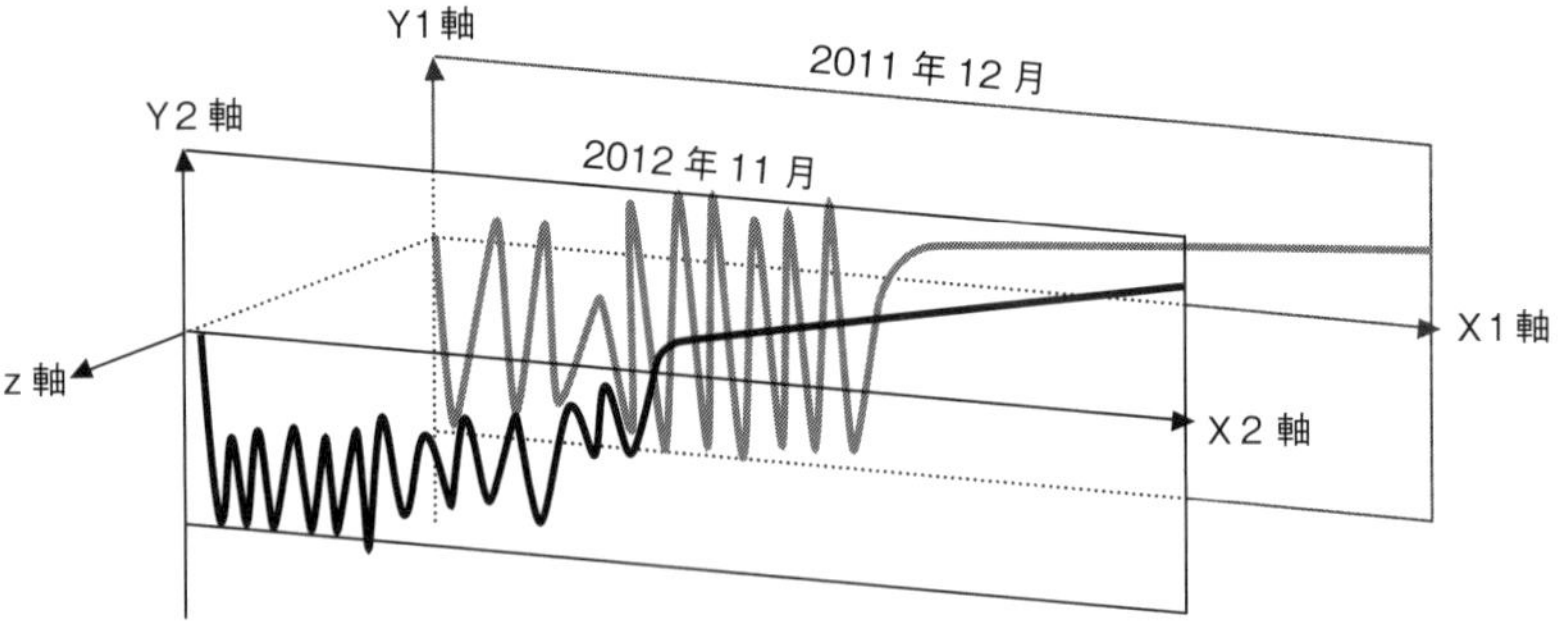

最後に、先ほどの事例で示したAさんによる時期の異なる二つの復興曲線を並べてみよう（図5・3）。まず、二つの曲線において、X軸という時間軸はそれぞれ異なっている（X1軸、X2軸）。二曲線とも、二〇一一年三月一一日からの日々が描かれているが、互いに約一年の隔たりをもつ日々である。次に、二本のY軸（Y1軸、Y2軸）も異なっている。インタビューによれば、二〇一一年と二〇一二年の間で、Aさんが曲線を描く基準とする価値観が変換していた。最後に、こうして二枚の復興曲線を並べてみると、Z軸が現出する。Z軸は、現実に流れた時間（時計で示される時間）を表していると考えてよいだろう。二つのX軸の視点の変化、二つのY軸における価値観の変換は、Z軸に示された現実の時間をAさんが生きたという歴史を示している。二枚の復興曲線の間には空白がある。この空白にこそがAさんの生きてきた復興過程が鼓動している。

こうして複数の曲線を並べる場合、理論上は、Z軸の各点において、いくつもの復興曲線を描くことができる。そうであれば、そこには曲面（X、Y、Z）が張られる。これを復興曲面と名付けてもよい。この曲面の分析が、復興過程の分析として意味を持つかもしれない。ただ、復興曲線を何度も描いてもらうということは、現実的ではないし、そもそも復興曲線ではY軸の意味が時々に変化するので、数学的な解析には馴染まないことは言うまでもない。

また、この空間には、「あの頃の未来」が描かれていることにも注目しておこう。すなわち、二〇一二年一一月をX1軸上にとることができる。X2軸上にも二〇一二年一一月をとることができる。二〇一一年一二月に展望した未来（あの頃の未来）である二〇一二年一一月は、二つの図でどのように異なっているだろうか？　この場合も、Y軸の意味が異なることなどから、数学的な解析には馴染まない。

しかし、復興曲面や、「あの頃の未来」について、数学的な解析は行わないとしても、それぞれが対話を醸成していくという点でおおいに意味がある。例えば、図5・3のように曲線を並べてみると、実際に曲線が描かれていない空間についても、その時々に、描き手がどのような未来を描いてきたのかということが対話に現れてくるだろう。また、「あの頃の未来」については、なぜそれほど明るかったのか（暗かったのか）といったことが話題として浮上するかもしれない。こうして対話が継続していく。

復興曲線として、復興過程を可視化し、曲線を介して対話を重ねることは、災害ボランティアのみならず、描き手本人にも、復興過程を意味づけていく上で助けとなるだろう。もし、復興曲線として可視化していなかったら、復興過程に関する一般的な対話はできても、その人の体験に根ざした対話へと深めていくことは困難であろう。また、複数の復興曲線を持ち出すことがなかったら、復興過程に対して抱いた展望が、実際に時間を経る中でどのように変化してきたのかといった事柄に想いを馳せる機会も多くはなかったであろう。復興曲線は、対話を進め、深化させていくツールである。

第六章

地域防災活動と災害ボランティア

はじめに

ここまでは、災害ボランティアが、災害の被害を受けた地域に赴いて、被災者に寄り添いながら活動を展開する姿を紹介し、その意義を考察してきた。本章では、平常時の地域社会で活動する災害ボランティアについて考察を進める。まず、地域防災活動に災害ボランティアが参加する意義について述べた上で（第1節）、地域防災に関する総合的な考察（第2節）を経て、地域防災における新しいプログラムとその教育への展開を紹介する（第3・4節）。

1　地域防災活動に災害ボランティアが参加する意義

地域には、通常、自主防災組織があり、職場や学校での防災訓練があって、様々な人々が、様々な場面で防災活動に取り組んでいる。しかし、「参加するのは、いつも同じ顔ばかり」とよくいわれるのも事実であり、特定の人々の参加によって、ようやく訓練が成り立っているというのが現状のようである。

地域には、防災に限らず、福祉、国際交流、人権、環境など多種多様な活動があり、それぞれにボランティアとして関わっている人々がいる。ただ、各分野で活動している人々が防災に関わっているかというと、必ずしもそうではない。「ボランティアこそ意外と縦割り」などと揶揄される所以でもある。

こうした現状に、被災地での経験をもった災害ボランティアが積極的に加わる意義は大きい。まず、過酷な被災地で体験した事柄を一つ一つ丁寧に聴くことによって、その内容を地域に置き換えて、従来の防災活動を拡張していくことは意義深い。実際、地域で開催される防災講座などには、こうした現場経験のある人々の体験談が含まれることがあり、熱心に聴き入る聴衆の姿もある。

また、災害ボランティアには、未だに新奇性がある。ここまで述べてきたように、阪神・淡路大震災以来、被災地に赴いて活動する災害ボランティアの姿は、社会に定着してきた。しかし、その絶対数はといえば、まだまだ少数であり、誰もが被災地での災害ボランティア活動の経験をもっているわけではない。実際、被災地での災害ボランティア活動に参加した人々は、平常時は、地域で生活している一般の人々であり、また、大学生であったりする。言い換えれば、災害ボランティアだからといって、平常時の地域において、特に目立つ存在となっているわけではないから、地域においては、新奇性がある。

さらに、災害ボランティアは、被災地での活動から様々な事柄を学んでいる。例えば、救援活動では、集合的即興ゲームを通して、生生流転する選択肢に取り組む姿勢を身につけているかもしれない。復興支援活動では、脱制度的な姿勢を育んで、被災者や被災した地域が主体となって地域を回復していく姿を長期間体験しているかもしれない。また、被災地にとっては外部者である災害ボランティアは、いかにして、地域の人々と接触していくかという点において、様々な選択肢を身につけているだろう。その結果、まだ深く関わっていない地域であっても、地域の高齢者に声をかけ、日常の生活にじっくりと寄り添ったり、子どもたちと一緒に活動を企画したりすることへの抵抗は少ないかもしれない。

被災地という非日常を体験している災害ボランティアは、その新奇性と経験によって、閉塞感のある地域防災活動を変革していく潜在力になろう。無論、新奇性は減衰していくし、経験だけでは活動の充実はおぼつかない。そこで、まず、地域防災活動に関する考え方について述べ、次に、災害ボランティアとともに進められる地域防災活動を紹介する。

2 防災に関する考え方

ここまで述べてきたように、一九九五年の阪神・淡路大震災以来、災害ボランティアも社会に定着し、われわれが災害に向かう姿勢は徐々に変わってきているようである。しかし、明日自分自身が遭遇するかもしれない災害に対し、何をすればよいのかと改めて問われると、必ずしも即答できる状態にはないと思う。そこで、まず、防災に代わって用いられるようになってきた減災という言葉を紹介し、その含意を述べる。次に、災害に対する新しい姿勢をもって実行できるプログラムを紹介する。

防災から減災へ

現在、災害対応の専門家や災害ボランティアの間では、それまでの「災害を防ぐ防災」という考え方から、「災害そのものは防ぐことは困難であるが、災害による被害を軽減することはできそうなので軽減を目指す減災」という発想へと考え方が変わってきた。確かに、最近多発している災害を見れば、災害を防ぐよりも被害を減じるという発想の方が随分と現実的なように思える。減災という言葉は、防災という言葉を単に言い換えただけではない。まず第一に、減災という発想は、災害が起こる前の備えとしての防災以外にも、災害が発生した後の救援や復旧、復興にも活かせるものである。

減災は、災害サイクルの各時期ごとに考えることができる。まず、発災直後の救急救命期であれば、災害救助犬を投入すれば生存者の発見が早まるという事態がある。そこで、災害救助犬は、救急救命期の減災に貢献していることになる。復旧期の避難所では、栄養への配慮が行き届くことが健康維持につながるし、応急仮設住宅で話し相手が集まるサロンがあれば孤独な生活に潤いが出るといったことがある。栄養管理やサロンの運営はこの時期の減災となっている。復興期には、災害前の地域の諸問題が増幅して現れ、また取り組むべき課題も多様である。したがって、災害復興に限らず通常のまちづくりなどの支援が展開される。例えば、年中行事の再開を支援することは、復興期における減災の一つとなる。将来の災害に向けて防災活動が展開される時期には、従来防災と呼んできた事柄と減災は重なる。このように、減災とは、災害サイクルの各段階において、その活動の現状を改善していく活動を広く意味するものである。

第二に、そしてさらに重要なことに、減災という言葉には、われわれの災害に対する姿勢を変化させる契機が含まれている。従来、防災とは、人々の日常生活から離れた非日常としての災害について、専門家（科学者や宗教家）のみが理解しており、われわれは、専門家からの情報を待つという姿勢であった。そこで、防災を進めようとすれば、専門家の情報を学び、「正しく」解釈し、「完璧な」体制で災害に立ち向かうという姿勢が要請された。

しかし、減災は、防災とはまったく異なる姿勢を含意している。すなわち、正解を知るとされる専門家へと近づこうとするのではなく、専門家の言明を参考にしながらも、自分なりにできることから取り組むことが推奨される。減災は、災害サイクルのどの部分にも関係しているのだから、人々は自分ができる部分、関心のある部分から減災をはじめることができる。救急救命を学ぼうとしてもよいし、避難所の炊き出しメニューを考えてもよいわけである。次に、それらを継続することが求められようが、その際には、関心が維持できるように楽しみながら行ったり、一見、災害とは関係のない活動として実施したりすることができる。

減災を以上のように考えれば、災害対応がより一般の人々にとって身近になる。その結果、少々敷居の高かった防災には参加しなかったが、減災であれば取り組めるという人が出てくる。結局、防災から減災へと視点を変えることによって、災害から身を守るためには、自分たち自身が何かできることを行っていくという姿勢が強調されることになるわけである。

減災意識を高めればよいか?

では、将来の災害に備えて、減災という立場から何をすればよいだろうか? 通常は、災害に対する地域住民ひとりひとりの意識を高めて、地域で一丸となって災害に立ち向かうといった威勢のよい言葉が出てくる。しかし、人々の災害に対する意識を高めるにはどうすればよいかがわからないという言葉が続くのが現状である。

実は、これは問いが間違っている。第二章で見たように、「人の内面に心が内蔵されている」という常識的な考え方を捨てて、災害ボランティアの現場に入り込んで、現場の人々とともに現場の改善を目指すグループ・ダイナミックスという分野では、いかに人の内面からほとばしり出ているると思われる事柄であっても、それは決してその人が単独になしたことではなく、眼前の、あるいは、過去の、さらにあるいは、未来の他の人々との関係によって紡ぎ出されていると考えるのであった。ここでの文脈に沿って言い換えれば、地域住民一人一人の意識は、最初から想定されておらず、それが低いとか高まるとかいうことはない。そうではなく、地域という集合体が、あるいは、地域にある様々な集合体が、減災活動を行うことは妥当であるという「かや」に包まれることを目指して行くのである。

ところで、これまで、地域防災の文脈では、よく防災意識といった言葉が使われてきた経緯があるので、以下では、表記の上で、それも踏襲することにする。無論、逐一明示しないまでも、意識なるものが、その人の内面からではなく、様々な人々との間で紡ぎ出されていること、変革すべきは、そうした関係そのものであるということは、言うまでもない。

そこで、まず、現状をもう少し眺めておこう。大規模な災害が起こると、人々は、減災に関心を向けるようになる。そして、減災に関する講座や訓練に参加する人も出てくる。確かに、参加してみると、減災の大切さが身に染みるだろうし、結果として、避難グッズを揃えたり、家族で避難経路を話し合ったりする。しかし、これはごく一部の住民であり、参加者の多くは、婦人会など地元の組織・団体の立場から出席を迫られる方々など、ごく限られた人々だけになっているのが現状ではなかろうか。

ここで注意しておきたいことは、人々の災害に対する意識は低いわけでは「ない」ということである。念のために、言い換えれば、災害について、人々の内面ではなく、様々な人々との間では、災害が無視されているわけではないということである。

ちなみに、「今やるべきことを一〇項目挙げてください」と言われれば、おそらく、多くの人々のリストの中に、減災は含まれているに違いない。しかし、続いて、「では、その中でもっともすぐにやるべきことを一項目だけ挙げてください」と言われると、親の介護を挙げる人、店の支払いを挙げる人、受験勉強を挙げる人……という具合に実に多様な応えが返ってくる。災害は、今すぐに発生するわけではないと考える人も多いだろうから、減災を挙げる人ばかりなどということは、それほど期待できない。実際、目の前で介護を求めている方がいれば、減災よりそちらに力を注ぐことは自然でもある。結局、減災は、やるべきことベスト一〇には入るけれども、トップ一になるとは限らない項目である。

そこで、通常は、「自分の身は自分で守るのですよ」と人々に呼びかけたりする。「減災は市民の義務ではないか」と憤ってみたりもする。しかし、人々は、そんなことは百も承知なのである。人々は、災害の深刻さを理解していないわけではないし、減災に対する意識が低いわけでもない。われわれの日常生活には、他に優先すべき事柄が満ちているというだけのことである。減災だけを声高に叫ばれても、すぐには取り組めない現実がある。

そうであるならば、減災活動を魅力的にすれば、より多くの人々が関心をもって参加してくれるかもしれない。例えば、最近の地域防災活動では、魅力的なマップづくりが行われることがある。災害の種類を選び、どんな季節の何時頃の発災かを想定し、誰の視点（例えば、子どもの視点）で防災マップを作るかを決め、災害時要援護者に関する情報の取り扱いなど防災上の工夫が行われる。さらに、過去に地域を襲った様々な災害に関する言い伝えを丁寧に聴き、それらを地図に書き込んだり、地域の歴史的文化的施設や人気のスポットなども書き加えたりして、魅力的な地域マップを作ろうとする試みもあって、人々の関心を集めることがある。また、従来であれば、避難指定場所（例えば、学校）をマップ上で確認するに留まっていた活動を、実際に、その施設を訪問して、関係者（例えば、教員や子ども）と接する試みもある。

しかし、日常の様々な活動以上に魅力的な活動となっているかといえば、必ずしもそうではなかろう。ここで、発想を転換する必要がある。まず、日常、すでに行われている様々な活動に注目する。そして、人々がそれぞれに重大なこととして、あるいは、魅力的なこととしてすでに取り組んでいる事柄と別個に減災活動を作り上げるのではなく、そうしたすでに行われている活動に、減災というエッセンスを加えて行くという発想である。

考えてみれば、減災は、減災に関わる活動が進展すればよいのであって、減災への意識が高いことは、さしあたって、どちらでもよいのである。すなわち、減災への意識が高くても、あるいは、仮に低くても、とにもかくにも減災への取り組みが実施されればよいわけである。言い換えれば、災害に備えることは、それほど切羽詰まっているとも言える。こうした発想に基づく活動は、最終的には、減災を目指すのだが、あえて、減災だとは唱えないので、通常の「減災と（声高に）言う減災」と対比して「減災と言わない減災」と名付けられる。

減災に取り組んでいる人々の地域への視線を変更する

それでもやはり、意識変革こそが大切だという意見もあろう。そこで、通常行われている減災活動として、地域の防災訓練を考えてみよう。訓練について書かれた回覧版がまわってくる。そこには、日曜日の朝に地区にある広場で行われると書かれていて、各家庭から一人は出席して欲しいと記されていたりする。休日の朝ぐらいゆっくり身体を休めていたいという人もいるだろうし、久しぶりの休日だから家族揃って出かけようと計画している人もいるだろう。それでも無理をして日程を空けて、参加してみると、地区の自主防災会から、備蓄倉庫の説明があり、新しく購入した非常食の紹介が延々と続いた後、今度は、バケツリレーの訓練が始まったりする。終わってみると、確かに参加する義務は果たしたように思えてホッとしている反面、果たしてこれでいざという時に対応できるのかどうか不安になる。なぜなら、別に、他の参加者と話をしたわけでもないし、自主防災会に任せておけばよいわけで、自分から取り組もうという気にはならないからである。案の定、訓練が終われば、いそいそと家族で出かけてしまうというのが現状であろう。

何が問題なのだろうか？　まず、訓練を進めている側にいる人たちが、住民なら減災に関心があるのは当然だと考えていることが問題である。そもそも、地域防災の対象となる平常時の地域について述べる時、そこに、無条件に、互いに協力し合って生きる人々の集合体を描くのは、現実的ではないだろう。確かに、被災後の地域を描く際には、本書のこれまでの章においてもそうであるように、復興という単一の方向を無条件に前提している印象を持たれるかもしれない。しかし、逐一明言してはいなくても、そこには、地域に関心を持たず、被災したことにさえ関心を払うことなく、さっさと地域から離れる人々がいることは、想定されている。ましてや、平常時の地域では、未だ兆候さえ見えない災害に向かって、地域の人々が一体となって立ち向かうという姿は、それを理想と掲げる人もいる反面、それを回避すべきことと考える人がいてもおかしくない。防災には命がかかっているのだから、という言説もそれなりに力をもっていようが、いま—ここに命の危険がない限り、完全な肯定的反応を得ることは困難だと考えるべきであろう。白けたことを言う、との誹りは免れないかもしれない。しかし、地域防災を考える際には、あえてこの点を押えておかなければならないと思う。実際、地域防災活動がうまく進まない時は、地域に関する無条件に楽天的な考え方が邪魔をしている場合が多いように思われるからである。

結局、減災だと言えば、誰もが振り向いてくれるなどと考えないことである。もちろん、減災は自分のことだけではなく、地域全体のことでもあるのだから、地域で行う訓練に参加するのは当然で、自分の都合など後回しにしてはどうかという意見に賛成する人もいることは理解できる。しかし、その結果が上記のような実態になっているのであれば、参加しない人々を責める前に、地域での減災に対する発想を転換すべきである。キャッチフレーズ的に言えば、住民の減災意識を変えるのではない。意識を変えるべきなのは、減災に熱心に取り組んでいる人々の意識の方である。

そこで、次に、「減災と言わない減災」という姿勢で行われている活動を紹介しておきたい。いずれも災害ボランティアにプログラムを提供したり、コーディネートしたりするNPOが行ってきたプログラムである。

3 「減災と言わない減災」——活動事例から

まず最初に、筆者が理事長を務める特定非営利活動法人日本災害救援ボランティアネットワークが開発・実施している「わが街再発見ワークショップ」というプログラムを紹介しよう。日本損害保険協会、朝日新聞社、ユネスコなどの協力で、「わが街再発見ぼうさい探検隊」という名で全国展開し、毎年、マップコンクールを開いているプログラムである。

このプログラムでは、まず、企画に参加する大人たちが、減災という目標をしっかりと認識し、市役所・消防・警察などと協力して、「わが街」の防災（減災）拠点について事前に学習し、地域の子どもたちにそれらの拠点を知ってもらう準備をする。プログラム当日には、地域の子どもたちに向かって「防災（減災）拠点を知ろう」と呼びかけるのではなく、「街を探検しよう」と話を持ち出して、子どもたちを「探検隊」に仕立て上げる。小学校低学年ぐらいの児童であれば、「探検隊」になったことが嬉しくなって、活き活きと街を探検してくれる。「探検隊」の子どもたちは、街を歩きながら様々な施設や人々を「発見」して、写真やメモで記録する。大人たちは、探検の結果として防災（減災）拠点が発見できるようにそっと誘導するだけである。街の探検が終わると、部屋に戻って、「わが街マップ」を作って発表する。子どもたちからすれば、街を楽しく探検している間に、減災に関わる拠点を知り、いつのまにか防災（減災）マップを作り上げていることになる。大人が、参加する子どもたちに向かって、「減災、減災」と連呼しないので、「減災と言わない減災」になっている。

もう一例挙げておこう。ｉｏｐ都市文化創造研究所が、二〇〇五年から、アーティストや大学生とともに神戸市内各地で展開してきた「神戸カエルキャラバン二〇〇五」である（現在は、特定非営利活動法人プラス・アーツが実施）。これは、阪神・淡路大震災から一〇年が経過することを機に、震災体験の風化を防ぎ、震災の教訓を多くの人々に伝えていくことを目的として考案・実施された。初年度となった二〇〇五年度は、神戸市各地で実施し、来場者も多く好評であった。

毎日新聞社が主催する「ぼうさい甲子園」優秀賞にも選ばれ、二〇〇六年度からは、その名の通り各地への派遣・出前（キャラバン）を実施し、各地に定着してきた活動である。

このプログラムは、「かえっこバザール」をベースにした「いざ！カエルキャンプ」が中心となる。「かえっこバザール」は、ゲームを楽しんで得点を上げていくと好きなおもちゃと交換（かえっこ）できるという流れを作り、参加した子どもたちがゲームに熱心に取り組む。「いざ！カエルキャンプ」は、「かえっこバザール」を地域の盆踊り大会などに組み込んで実施し、さらに、キャンプも体験するので、小学生を中心とした子どもたちと家族、さらに、地域の住民が加わって、長時間にわたり、楽しみながら、より多様な体験を通して、震災時や火災時に必要な「技」を身につけることができる。例えば、「いざ！カエルキャンプ」に参加した子供たちは、カエルとおたまじゃくしが登場人物となる人形劇を見たり、放水によって的の裏表が入れ替わりカエルの顔が現れる的当てゲームに参加したりしている。人形劇では防災に関する話題が採り上げられているし、的当てゲームは消火器を使って放水するために、減災に関する知恵や技術が身に付く仕掛けになっている。

ここで重要なことは、子供たちは、減災のためにその訓練の一部としてこの行事に参加しているわけではないということである。子どもたちや、子どもたちを伴って会場に来る大人たちからすれば、地域で開催される恒例のイベント（例えば、盆踊り）にやってきただけである。そこに

「偶々」減災に関わるような「遊び」があったので参加しているだけである。

この事例も、減災そのものを前面に出すのではなく、日常生活の一部となっている行事を楽しむうちに減災の楽しさに出会うようにデザインされている。「減災と言わない減災」という考え方が底流にある。

「減災と言わない減災」の二重性

これらのプログラムでは、子どもたちが、減災を楽しみながら学んでいることが特徴である。減災活動に参加したことがなかったり、関心が持てなかったりした子どもにも減災が学べるようになっている。しかし、「減災と言わない減災」の本当の狙いは、その先にある。

「わが街再発見ぼうさい探検隊」の場合、プログラムの実施前に、企画に参加する大人たちは、災害ボランティアに導かれ、減災という目標をしっかりと認識する。そして、地域の防災（減災）拠点について事前に学習していく。具体的には、このプログラムを実施するために、役所、警察、消防、また、地域の自治会や自主防災組織に挨拶に行ったり、指定避難所を下見したりする。無論、プログラムに参加する前から減災に関心をもっている大人ばかりではない。むしろ、子どもたちが活動するというので、お手伝いに来てみたら、災害ボランティアに出会い、減災が関係しているようだというぐらいに感じている大人たちもいると思う。そうした大人たちが、子どものためのプログラムの準備のために、地域を廻りながら、地域の防災（減災）拠点を知り、地域の減災に関心のある人々とのネットワークを拡げていくのが特徴である。その結果、必ずしも減災に関心をもてなかった地域住民が、最終的には、減災への関心を持つようになっていることが期待される。つまり、このプログラムでは、探検隊となって街を歩く子どもたちだけでなく、というよりも、企画に参加した大人こそが、減災について学んでいることになる。

「いざ！カエルキャンプ」も同様である。地域の恒例の行事に加える形で実施されるため、必ずしも減災に関心をもてなかった地域住民も、また、減災と掲げられた行事には躊躇いを見せていた住民も、このイベントには、子どもたちとともに喜んで参加し、そこで災害ボランティアによって展開されている減災の活動から学びを深めることができる。さらに、子どもが中心となる行事であるために、当日はもとより準備期間において、大人が様々な人々との対話を通して、地域の減災について深く学ぶことができるのも「わが街再発見ぼうさい探検隊」と同じである。こうして、減災に関心のある地域の人々とのネットワークも自ずと拡がる。そして、行事が終了する頃には、減災への関心が高まっていると期待できる。

ところで、こうしたプログラムに参加した大人たちとは具体的にはどんな人たちだろうか？参加する地域の子どもたちの保護者、学校関連団体（PTAなど）、児童関連団体（子供会など）、その他、地域教育・社会教育に関連する団体に属する人々、さらに、地域の一般住民である。こうした団体に所属する人は、子どもたちの地域活動には関心はあっても、また、様々なボランティア活動に従事していても、地域の防災関連団体が呼びかける訓練となると必ずしも出席しない場合もあるのではなかろうか。しかし、ここで紹介したようなプログラムであれば、「忙しいから減災までやっていられない」と言っていた人たちも参加しやすくなる。

もちろん、「減災と言わない減災」という考え方をもって地域の減災活動に取り組んでも、参加した人たちは、特に減災活動だと意識していないかもしれないし、企画に参加した大人たちでさえ、子どもが減災を学んだだけだと感じているかもしれない。しかし、プログラムが終わる頃には、子どもも大人も地域の防災（減災）拠点などに詳しくなっている。このように、子どもも大人もともに減災という本来の目的を（少なくとも主たる目的として）顕示しないで行う活動が、「減災と言わない減災」のポイントである。

4　減災教育へ

最後に、ここまで述べてきたことと、減災（防災）教育との関係を述べておこう。減災を教育するという以上、その結果として、人々が、災害を防ぐという意味の防災から、救援、復旧、復興をも射程に据えた減災へと対象を拡大し、被災地での経験をもつ災害ボランティアの力も借りて、事例で見たような「減災と言わない減災」の活動を展開することができるようになることを成果とする。

減災教育は、単に情報や知識の移転ではなく、こうした活動を実践している共同体への参入を促進する仕組みや活動であると捉えることが何より重要である。すなわち、減災教育とは、減災に関心の薄い人々が、減災に熱心に取り組んでいる集団へと参入することを促進するような仕組みや活動のことである。したがって、減災教育においては、減災への関心が薄い集団が、減災への関心の高い集団と接触する場面をいかにデザインするかが問われるのであって、減災に関する専門的知識を有する専門家が、非専門家である地域住民や児童・生徒に説いて聞かせるという風には考えないのである。より具体的には、著名な専門家を招いて講演会を開くとか、教員だけが熱心に学校での減災に取り組んでその成果を教えるといった活動（だけ）であってはならない。

これからの減災教育が、集団間のコミュニケーションをいかにデザインするかということに逢着するのであれば、今一度、第二章で紹介したグループ・ダイナミックスにおけるコミュニケーションの考え方を思い出しておきたい。グループ・ダイナミックスでは、コミュニケーションを情報伝達とは考えないのであった。だから、減災についても、専門家のもつ情報を一般の人々に伝達することが減災教育とは考えない。そうではなく、人々の間で減災に関するコミュニケーションが成立しているということは、その人たちが、減災に関する何らかの規範に浸っているということであり、何を言い、何を言わないかということが共有できている状態を指すのだと考える。もし、減災について異なる規範に属する二つの集団があるのであれば、両者の接触を多様に試み、互いに何を言い、何を言わないかを暗黙の事柄として前提できるように仕向けていくことで、減災に関するコミュニケーションが成立していく。

ここに、災害ボランティアの新奇性と経験が活かされる場がある。地域での従来の防災活動は、往々にしてマンネリ化している。学校での防災教育にも工夫がみられない場合もある。そのような場面で、災害現場の経験をもつ災害ボランティアが参入し、自らの経験をもとに地域や学校の減災を語り出すとすれば、地域や学校において、マンネリ化の原因としてもはや暗黙の前提となっていたことが改めて議論の対象になり、減災に関するコミュニケーションが活性化していくことが期待される。

なお、減災に関心のある集団となない集団が、いかなる理由で接触を始めるかは、さしあたって関係ない。地域においては、歴史や文化を学んでいる人々や、様々な趣味で集まっている人々、スポーツの同好会など、減災とは関係なさそうな集団がたくさんある。学校では、科目の学習もあれば、様々な校内行事や遠足など学校外へと出て行く行事もあって、それぞれが減災と直接関わっているわけではない。しかし、そうした場面に、災害ボランティアや、本章で紹介した「減災と言わない減災」のプログラムを、何らかの形で（防災意識を高めるために、などと声高に叫ばずに）導入することによって、減災教育は推進される。

本章で提起してきたことは、地域防災に関心の薄い人々が、地域防災に熱心に取り組んでいる集団へと参入することを推進するような仕組みや活動を作る試みであった。特に、両者の接触を試みる際に、防災や減災ではなく、別の事柄を通して、両者が接することから始めて行くことの重要性を指摘した。その際、災害ボランティアという新奇性と経験を有する人々が参加することによって、減災への通路が見え隠れするのが特徴である。

第七章

災害ボランティアが拓く新しい社会

はじめに

ここまで、阪神・淡路大震災を契機として、災害ボランティアが日本社会に定着してきた経緯を事例や理論的考察を通して辿ってきた。災害ボランティアは、約二〇年をかけて、被災者の安寧という目的に向けて、試行錯誤を繰り返してきた。その動きは、常に、社会の既存の秩序へ取り込もうとする秩序化のドライブに晒されていた。しかし、同時に、災害ボランティアが、被災者の「ただ傍《そば》にいて」被災者本位の活動を即興的に、あるいは、周到に工夫をしながら展開する姿もあった。そこには、秩序化に抗う遊動化のドライブが作動していた。ただ、東日本大震災が発生してみると、一転、あまりにも強力な秩序化のドライブが席巻した。このような事態が続けば、「被災者抜きの災害救援」という表現に象徴されるような状況が到来する。もちろん、それは、災害ボランティアが本来目指した事柄とは、およそ乖離している。

災害ボランティアにとって、いま必要なことは、秩序化のドライブから離脱し、遊動化のドライブに導かれた活動へと大胆に軌道修正していくことである。遊動化のドライブのもとでこそ、災害ボランティアは、被災者の傍らにあって、既存の秩序にとらわれることなく、被災者とともに良かれと思われたことに即興的に取り組み、被災者・被災地の安寧に寄与するという災害ボランティアの本来の姿へと戻ることができるからである。

遊動化のドライブの萌芽は、確実に存在する。しかし、秩序化のドライブが支配的である。遊動化のドライブを活性化し、災害ボランティアの本来の姿を取り戻す術はないだろうか？　筆者は、阪神・淡路大震災以来、国内外の被災地で様々な協働的実践を繰り広げてきたが、そこから到達した課題は、結局のところ、遊動化のドライブを取り戻すことに集約できる。第二章で紹介したように、様々な現場に入り込んで当事者と一緒に現場の改善を目指すグループ・ダイナミックスを専門とする筆者にとって、協働的実践から生まれたこの課題は、続くアクションリサーチにとって、極めて重大な研究課題でもある。

そこで、本書を閉じるにあたり、遊動化のドライブを取り戻すことを目指すアクションリサーチを紹介する。それは、災害ボランティアとともに、いかなる社会を拓いていくかという試みでもある。ただ、研究ということになると、どうしても、少々まわりくどい議論もしてしまうから、何らかの工夫を施したい。

ここでは、月並みではあるが、旅の比喩を用いることにしよう。もちろん、旅にも色々ある。旅程も訪問地も全て確定されたパック旅行は、手っ取り早くその地を巡るにはとても便利である。また、出張旅行であれば、用務先との往復に最も効率的なルートを選び、道中も書類を作ったり、商談のプランを練ったりと忙しいだろう。さらに、目的地など定めず、気の向くままに、ふと出かける旅もある。

本章で想定しているのは、「災害ボランティアが拓く新しい社会」への旅である。およそ次のような特徴がある――目的地の名称はわかるが、そこにはどんな風景が広がっているのかはまだわからない。目的地に至るには、ある一つのルートが使えそうである。そこで、途中で脇道などにも入りながら、そのルートを辿って目的地へと進む。なお、旅の途中では、日記も書くことにする。

まず第1節では、出発地点を再確認する意味で、災害ボランティアの目の前に広がる風景を整理する。次に第2節として、目的地「災害ボランティアが拓く新しい社会」の風景を描く。その際、目的地が本当に存在するのか、筆者の単なる夢想ではないのかとの疑念を回避するために、これまで展開されてきた議論を参照しながら目的地について述べる根拠を示す。ただ、旅に出ようとするその矢先に、目的地が確かに存在するかどうかなどくどくどと説明されたのでは、旅も興醒めである。そこで、この部分は、ひとまずは読み飛ばして頂いて、第3節で述べるルートの紹介に移ってもらっても構わない。第3節では、第一章で紹介した「被災地のリレー」という協働的実践にヒントを得て実施したアクションリサーチを紹介し、確かに、それが目的地へと到達するルートであることを示す。最後に、第4節では、道中での印象深いシーンを旅の日記として紹介する。それでは、早速、出発しよう。

1　現在地——目の前に広がる風景

阪神・淡路大震災から約二〇年が経過しようとしている。どこかで災害が発生すると、災害ボランティアが駆けつけ、救援活動を展開する姿が見られるようになった。また、災害ボランティアは、緊急時の一時的な活動に留まらず、長期的な復興過程にも参加するようになった。さらに、次なる災害に備えて、各地で平常時にも活動するようになってきた。そして、各地に散らばる災害ＮＰＯや全国の社会福祉協議会、および、その関連組織などは、こうした災害ボランティアの動きを支える役割を担っている。

この二〇年の間には、地震、風水害、噴火、竜巻など多様な災害が頻発してきた。その結果、災害ボランティア活動に参加した経験をもつ人々の数は、着実に増えてきている。さらに、災害ボランティア活動に参加した人々からは、また参加してみたいという声はよく聞かれるし、被災地へ行ってみて人生観が変わったといった発言さえ珍しくない。実際、災害ボランティア活動に参加して、まさに「目の色が変わった」という印象を与える学生は、確実に存在する。さらに、学生時代に被災地で経験を積んだ人々が、社会人になってからも、別の被災地で苦しむ人々へと支援を展開している場合もある。例えば、第一章で紹介したエール・フロム・神戸は、学生時代に新潟県中越地震の被災地で活動した経験を活かして行われている取り組みであった。また、学生時代に通った被災地に想いを馳せて持続的な関係を築いたりしている場合もある。第五章で紹介した塩谷分校同窓会は、学生時代に通った被災地との交流が持続しているケースであった。

ただし、ここに強力な秩序化のドライブが襲いかかる。第三章で指摘したように、東日本大震災が発生した時に、災害ボランティアに駆けつけようと考えた人々も、マニュアルに支配され、秩序・体制に組み込まれてしまった。その結果、災害ボランティアそのものが目的化するような事態が発生してしまう。つまり、秩序に沿ったボランティア活動を展開することが目的となり、被災者がどこかに忘れ去られてしまうという本末転倒なことが生じる懸念が広がってしまう。しかし、幸いにも、かろうじて、しかも、絶えることなく遊動化のドライブに導かれた活動も併存していた。例えば、第一章で紹介した災害ＮＰＯのプログラムの中には、足湯をはじめとした遊動化のドライブに導かれた活動が含まれていた。

確かに、こうした現状を変革することはある程度可能のようである。例えば、秩序化のドライブに抗いながら、災害ボランティアの原点へと回帰し、被災者のただ傍《そば》にいて、被災者を中心に据えた活動を臨機応変に持続できるような場を設《しつら》えていくことが求められると論じておくこともできよう。さらに踏み込んで、災害ＮＰＯは、常に秩序化のドライブを忌避する姿勢を保ち、被災者本位の活動プログラムを提供し、参加するボランティアには、臨機応変に活動する必要性を訴えていくのも一案であると提示することもできよう。さらに、大学などの教育機関でも、学生が可能な限り自由に発想して災害ボランティア活動に参加できるようなプログラムを用意すべきだと提言することもできよう。

しかし、第三章で述べたように、阪神・淡路大震災から約一〇年を経た中越地震での災害ボランティア活動に対し、秩序化のドライブの再来を目の当たりにした時、同じ事を叫んだのではなかったか。その後、二〇〇七年の中越沖地震を経験して、寄り添いをキーワードに実践も企てたのではなかったか。しかし、これらは、東日本大震災を機に猛威を振るった秩序化のドライブの前に、もろくもかき消されてしまった。

ただ、今や、中越地震からも約一〇年が過ぎようとしている。東日本大震災を経た今だからこそ見えてくる風景があることに気づかなければならない。もちろん、東日本大震災それ自体には、未曾有の津波災害であったことや、原子力発電所の事故によって放射線の脅威にさらされるといった東日本大震災ならではの風景がある。しかし、ここでは、阪神・淡路大震災から、中越地震、中越沖地震を経て、東日本大震災にいたる二〇年があるからこそ見えてくる風景に注目したい。

阪神・淡路大震災の頃、災害ボランティアを取り巻いていた風景と、東日本大震災を経たことで見えてきた風景には、決定的に違う点がある。それは、災害ボランティア元年と称された阪神・淡路大震災の前には、災害ボランティア活動を体験したり、目の当たりに見たりした人々の数は圧倒的に少なかった。しかし、東日本大震災に至るまでには、多くの人々が災害ボランティア活動に参加した経験をもち、それを語り、また、災害ボランティア活動を目の当たりにしたことのある被災地が、日本に点在したということである。例えば、阪神・淡路大震災の被災地、中越地震の被災地、中越沖地震の被災地などは、すべて、東日本大震災の頃には、すでに、災害ボランティアの活動を経験していた。その結果、現在では、遊動化のドライブに駆動された災害ボランティア活動を垣間見た経験のある人々が、各地に存在している。

これが、阪神・大震災から約二〇年を経て、災害ボランティアのまわりに広がる風景である。災害ボランティアが拓く新しい社会という目的地への旅は、ここを出発点としている。

2　目的地——災害ボランティアが拓く新しい社会

災害ボランティアは、いかなる社会を拓いて見せてくれるだろうか？　本節では、旅の目的地にどのような風景が広がっているのかを点描してみたい。まず、唐突には思えるが、結論を提示し、その後に、そうした考えの根拠を示していくことにする。

災害ボランティアが拓く新しい社会の風景は、「災害時の救援過程、復興過程、地域の防災過程などにおいて、既存の秩序にとらわれることなく、人々が無条件に助け合い、互いの求める事柄について臨機応変に取り組むような社会」である。具体的には、災害ボランティアは、相手を問わず見返りを求めずに、臨機応変に、贈与を展開している。それは、被災者から見れば、見知らぬ人から贈与(だけ)を受けとる事態である。そのやりとりには、多分に情緒的な結びつきが伴っており、災害ボランティアも、被災者も、活動すること自体が歓びである。もちろん、こんな風景は、自生してはいないから、人々は、そのような風景を目指して、意図的にこうした結びつきを形成している。また、そうした風景は、全世界を覆うような広大なものではないから、人々が意図的に作り出す結びつきは局所的である。しかし、広く見渡せば、それらが、互いに結びついて連合を形成している。これが、目的地「災害ボランティアが拓く新しい社会の風景」である。

もちろん、こうした風景を理想だ、夢だ、虚像だと片付けることは容易い。また、秩序化のドライブのもとでは、このような風景はすぐにかき消されてしまいそうである。さらに、こうした風景が簡単には成立しないからこそ、様々な思想が語られてきたのだし、こうした風景を良しとしない人々との間での争いも絶えなかったことは、認識しておかねばならない。

しかし、災害に襲われ、突如として、いのちやくらしを奪われた被災者に会い続け、自らの被災体験を何度も反芻してきた筆者にとって、大切な人々と過ごした被災前の何気ない日常生活を失うことが、文字通り筆舌に尽くしがたいことは身をもって感じている。そして、その嘆きの時間に、ただ傍《そば》にいて、一方的に助けてくれる災害ボランティアの臨機応変な対応が、いかに支えとなるかということを何度も何度も体験してきた。そんな筆者にとって、上記の風景を描くこと

図 7.1　4つの集合体

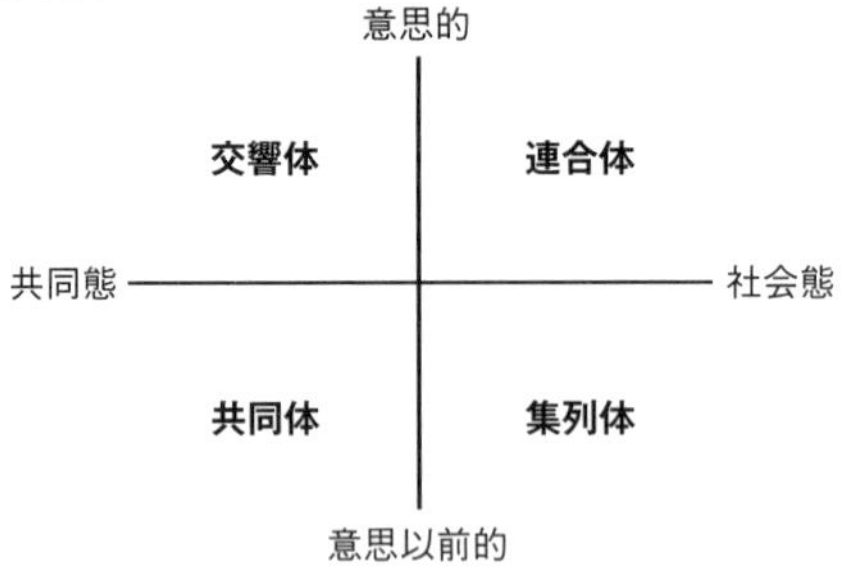

は、まずもって、願いであり、祈りでもあって、論理のみで導き出されるものではない。

幸い、ここで描いた目的地の風景とよく似た風景を社会の一つのタイプとして抽出している議論がある。また、人々のやりとりのあり方の歴史的変遷を精緻に述べ、その到達点として類似の風景を描く議論もある。そこで、以下では、これらの議論を紹介し、災害ボランティアが拓く新しい社会の風景を補強しておきたい。

まず、見田宗介による交響体（の連合[75]）を紹介し、次に、柄谷行人による交換様式D[76]を参照する。

交響体

見田は、社会を共同態―社会態、および、意思的―意思以前的の二つの軸によって四つの象限に分類している（図7・1）。共同態は、価値や感情を共有することによる全人格的な結合を極値とし、社会態は、ルールや関心による結合を極値とする。意思的とは、成員が自らの意思で選択していることを示しており、意思以前的とは、成員が自らの意思で選択する余地がなかったということを示している。これら二軸によって分類される集合体が、それぞれ、共同体、集列体、連合体、交響体と名付けられている。

まず、共同体は、意思以前的に加入することになる集合体であり、村落などいわゆる共同体（コミュニティ）が対応する。次に、集列体は、市場に代表されるように、個々の人々の利害関心がせめぎあう集合体である。連合体は、個々の人々の利害関心を自由意思に基づきながらも調整（ルール化）している集合体であり、現代社会では、会社組織がその代表である。最後に、交響体（symphonicity）は、個々の人々が自由な意思によって、人格的に結ばれている集合体である。交響体は、他者の喜びがそのまま自らの喜びであるような社会である。

見田は、現代社会を共同体が集列体をなしていると指摘し、そこから、交響体が連合体をなすような構造をもった社会へと変換していく構想を抱いている。すなわち、宿命的な共同体ではなく、自由な意思によって人格的に結ばれる集合群が、ある程度のルールのもとに集まっているような構造をもつ社会を構想する。言い換えれば、価値や感情を共有して、自らの選択が介在しないような集合体が、ただ存在しているという現状から、人々が自ら選択して、ローカルに価値や

75　見田宗介（二〇〇六）『社会学入門――人間と社会の未来』岩波新書

76　柄谷行人（二〇一〇）『世界史の構造』岩波書店、および、柄谷行人（二〇一一）『「世界史の構造」を読む』インスクリプト

感情は共有するものの、他の同様の存在に対して異質性や開放性を尊重しながら結びついている状態を構想する。なお、見田は、交響体は小さく、また、小さいままでよいとしている。

災害の文脈に置けば、災害復興の先に、運命的な共同体への単なる回帰を見るのでもなく、市場によって疎外を生む社会を見るのでもなく、さらには、ルールによって調整する（だけの）社会でもなく、（ある程度のルールのもとで）人格的に交響するある程度小さな集合体が、互いに異なることを尊重しながら結びつく社会が構想されている。ただし、どのようにすれば、交響体の連合体が到来するのかという点については、明確な構想が示されているわけではない。ここに災害ボランティアに着目する理由があると考えるが、その前に、集合体における交換様式に注目し、歴史的に考察した議論を紹介する。

交換様式D

柄谷は、近著『世界史の構造』（二〇一〇）において、社会構成体の歴史を交換様式に着目して検討した。東日本大震災後には、『「世界史の構造」を読む』（二〇一一）を上梓し、前書を補うとともに、新しいアイデアを提示している。ここでは、両書を参照しつつ、彼が抽出した四つの交換様式のダイナミックスに注目する。ただ、ここでは、災害ボランティアという視角から今後の社会を独自に構想しようとしているため、彼自身が提示する展望（世界同時革命による世界共和国）には、積極的には触れないでおく。

柄谷は、社会構成体の歴史を、A、B、C、Dという四つの交換様式のダイナミックスとして描く。交換様式Aは、贈与と返礼を基本とする相互扶助的な交換様式である。典型的には、共同体が対応し、その成員は、共同体に束縛される。交換様式Bは、収奪と再分配を基本とする交換様式であり、身分的支配―服従関係や国家がこれに対応する。交換様式Cは、商品交換を基本とする交換様式で、自由な合意に基づいてはいるが、実質的には、貨幣保有者と商品所有者との交換であって、（身分的というわけではない）階級社会が対応する。そして、交換様式Dは、さしあたって、局所的に短期間存在する想像的な交換様式とされる。

柄谷によれば、どんな社会構成体も、これら四つの交換様式の複合体である。ただ、いずれが支配的であるかによって異なった社会が出現する。まず、すべての前提として、遊動的な狩猟社会を捉え、それを自由で、獲物を平等に分配する社会として描く。この遊動性が原点である。しかし、定住が進むことによって、富の蓄積が始まると、（原初の遊動性は抑圧され）互酬性としての交換様式Aが支配的に現れる。交換様式Aが支配的となった社会は、氏族社会、ミニ世界システムと呼ばれるが、そこには、交換様式B（例えば、戦争）もあれば、交換様式C（例えば、交易）もある。ただし、交換様式Dは、ここでは顕在化しない。次に、交換様式Bが支配的となるのが、国家社会である。この場合も、農村共同体のような交換様式Aや都市のような交換様式Cも併存している。ただし、農村も都市もあくまで国家（交換様式B）に従属して存在している。これが拡張されると国家＝帝国となる。そして、近代資本制社会は、交換様式Cが支配的であり、その下に、交換様式Aや交換様式Bも併存する社会である。これが拡張されると、世界＝経済という様相を呈する。柄谷は、このような現代社会を、「資本＝ネーション＝国家」と記してきた。

交換様式Dは、この「資本＝ネーション＝国家」を超える社会を支配する交換様式として指示される。ここで、柄谷の関心は、それぞれの社会構成体が、世界の他の社会構成体と関係をもちながら存在していること、すなわち、世界システムにおいて存在していることに焦点化される。その結果、柄谷は、交換様式Dの支配する次なる社会をカントのいう「世界共和国」とし、世界同時革命によって達成するという展望を示す。

ここでは、世界同時革命そのことよりも、むしろ、柄谷が提示する交換様式群のダイナミックスに注目する。柄谷が導入するのは、「抑圧されたものの執拗な回帰」というモチーフである。交換様式Aは、定住化にともなって、それ以前の狩猟社会における遊動性を抑圧して、互酬性を成立させていた。この場合の、互酬性は、特定の相手に対する贈与と返礼が支配的な交換様式であり、顔の見える関係やネーションという（想像の）共同体での返礼を重んじる関係である。その交換様式Aは、交換様式B（が支配する社会）、交換様式C（が支配する社会）と至る過程で、さらに抑制される。ところが、交換様式Aは、ある契機を経て、強迫的に回帰してくる。それが、交換様式Dである。交換様式Dは、交換様式B、Cの支配的な社会を経ているので、もはや交換様式Aそのものの回帰として現れるわけではない。そうではなく、交換様式Dは、交換様式Aの高次の回帰として捉えられる。

では、交換様式Aの高次の回帰とはどういう事態だろうか。交換様式Aは、原初の遊動性を抑圧して成立していた互酬性であった。この交換様式Aが高次に回帰するということは、最初に抑圧していた原初の遊動性と、交換様式B、Cの支配を経る中で抑圧されてきた互酬性が、それぞれに変貌し、執拗に（強迫的に）回帰してくるということである。すなわち、交換様式Dは、遊動性と互酬性が独特の様相を帯びて回帰してきた時に成立する交換様式だと考えられる。二〇一〇年の本では、交換様式Dが、普遍宗教というかたちをとって現れるとされ、二〇一一年の本では、さらに、イオニアのポリスの原理であるイソノミア（無支配）が交換様式Dの例とされている。

ここで興味深いのは、交換様式Aが高次に回帰して交換様式Dが生じる契機の例として、東日本大震災後に書かれた二〇一一年の本で柄谷が、災害を挙げていることである。例えば、ソルニットの「災害ユートピア」やクロポトキンの相互扶助にも言及しながら、「災害それ自体『ユートピア』をもたらすことはなくても、資本＝国家への対抗運動の引きがねを引くことになりうる」（四一頁）という指摘や、「被災者や支援者は、一種の遊動民です。だから、住居が定まり、さまざまな諸関係に属するようになると、そのような自由と平等は失われる。Dは消えてしまいます」（四〇頁）という指摘がある。

第四章で述べたように、ソルニットは、自然災害やテロのような危機に直面した社会では、人々の間で無償の行為が行われ、一体感に満ちた、まるでパラダイス[77]が現出することを、様々な事例をもとに指摘していた。同時に、そうしたパラダイスは、残念ながら、長く続かないという指摘もあった。そもそも、災害直後にパラダイスと呼べるような状況が見られることは、災害社会学者が古くから「災害ユートピア」として指摘していたことである。また、わが国でも古く方丈記にも描かれているおなじみの光景でもある。

では、ソルニットのユニークな点は何だったのだろうか？ それは、パラダイスを、アナーキズムと関連させて述べたことであろう。通常、アナーキズムは、無政府主義と訳され、多様な脈流がある。ただ、彼女がアナーキズムとの親和性を見るのは、「パラダイスが出現するとしたら、それは通常の秩序が一時的に停止し、ほぼすべてのシステムが機能しなくなったおかげで、私たちが自由に生き、いつもと違うやり方で行動できるから」（一九頁）と述べているように、政府のみならず、社会に存在する既存の秩序からの支配を受けない状況における人々の相互扶助に満ちた社会を目指す思想（例えば、クロポトキンの思想）である。こうした思想が具現された社会が、ソルニットにとっての、パラダイス＝災害ユートピアである。

ところで、交換様式Dは、交換様式Aが、一度抑圧された互酬性とその背後に遊動性を帯びて高次に回帰してきた結果生じるのであった。互酬性は、特定の相手と贈与と返礼を行う関係とされるから、それが高次になることを、ここでは、不特定の相手に対して行われる、返礼を求めない純粋な贈与の関係だと考えてみよう。いわば、誰彼構わずに、贈与を行うが、その見返りは求めないということである。無論、贈与は、贈与であると察知された瞬間に贈与ではなくなるとされるから、純粋贈与は、現実の贈与が理想としつつも決して到達できない理論的な存在としてあるとも言える。そして、この（純粋）贈与を可能にするのが遊動性である。柄谷は、交換様式Dが消失する契機を定住による遊動性の消失に見ていたのであった。したがって、交換様式Dを維持するとすれば、いかに遊動性を担保するかということになる。

ここに、交換様式Dと災害ボランティアとの関係を見ることができる。すなわち、災害時に遊動性を顕著に示す災害ボランティアは、個人として救援活動に関わる場合もあれば、災害NPOやNGOのプログラムに参加する場合もある。NPOやNGOは、その名称——非営利組織、非政府組織——が示すように、資本や国家からの支配を受けないことを示している点で、資本＝ネーション＝国家としての現代社会を超えていこうとする志向をもつ。ただ、災害ボランティ

77　ソルニット（二〇一〇）『災害ユートピア』の原題は、*A Paradise Built in Hell : The Extraordinary Communities that Arise in Disaster* であり、パラダイスという語が使われている。

アは、交換様式Aに基づくのではない。災害ボランティアは、不特定の被災者に対する、見返りを期待しない一方的片務的な活動であり、言葉の純粋な意味で贈与を理想とする。だとすれば、災害ボランティアの活動こそが、交換様式Aが高次に回帰した交換様式Dであると考えることができる。

ただし、急いで、注意を促しておかなければならない。災害ボランティアは、不特定の相手に対する活動を即興的に継続しているうちに、特定の被災者との関係を深めることもある。その段階に至ると、今度は、不特定性とは対極をなす被災者の個別性が生まれる。そうなれば、個々の被災者との関わりは、単なる個別的な個人としての関わりではなく、かけがえのない単独性、特個性を帯びた人格との関わりとして展開する。ここに災害ボランティアが、救援活動だけではなく、長年に亘る復興支援活動へも参画していく経路がある。したがって、災害ボランティア活動と交換様式Dとの対応は、さしあたって、活動の初期段階に限定しておいてよかろう。

以上の議論から示唆されることは、次の五点である。第一に、現代社会は、交換様式Cが支配的な資本＝ネーション＝国家である。第二に、現代社会における災害は、交換様式Aが、一度抑圧された互酬性とその背後に遊動性を帯びて高次に回帰してくる契機となる。第三に、交換様式Aが高次に回帰すると交換様式Dが出現する。第四に、交換様式Dが支配する社会が、パラダイスである。最後に、交換様式D＝パラダイスは、さしあたって、短期的である。

目的地は、「交換様式Dに満ちた交響体の連合」である

交響体（の連合）と交換様式Dに関する議論を総合することで、筆者の描く災害ボランティアが拓く新しい社会の風景が朧気に見えてくる。それは、交換様式Dが、短期的にせよ、支配的になるような交響体の連合が形成されている事態である。災害時に遊動性を顕著に示す災害ボランティアは、被災者の喜びが自らの喜びであると交響し、不特定の被災者に対する、見返りを期待しない片務的な活動を行いうる存在であろう。そこに、交換様式Dに満ちた交響体の連合を形成していく道筋が見え隠れする。

本書第四章では、災害救援時に、一時的にせよ、社会を覆う規範が遠のく事態において、災害ボランティアと被災者との間に、心に染み入るような関係が展開していたことに触れ、災害ボランティアたちが、泡沫的な規範を局所的に紡ぎ出す集合的即興ゲームを繰り広げることも述べてきた。そこでは、被災に苦しむ人々とともに過ごす中で、さすがに、ユートピアやパラダイスという日本語としては楽天的にとられかねない語は用いなかったが、確かに、われわれも、阪神・淡路大震災から、東日本大震災に至るまで、「一時的にせよ、社会を覆う規範が遠のいた場面」、すなわち、「通常の秩序が一時的に停止し」た場面で、パラダイスを目にしてきた。ただ、いずれも、泡沫的であって、持続性がなかったことは、ソルニットの指摘する通りであった。

本節での文脈でいえば、せっかく交換様式Aが高次に回帰して交換様式Dに至ろうとするその時に、既存の資本＝ネーション＝国家の方へ引き戻そうと作用するドライブが秩序化のドライブである。これが作用する結果、交換様式Dは泡沫的となり、交換様式C（が支配する資本＝ネーション＝国家）が支配的である社会へと差し戻されてしまう。その結果、交換様式Dに満ちた交響体もその連合も生まれることは困難であった。

さらに本書第五章、第六章では、災害復興や地域防災の場面でも、災害ボランティアは、既存の規範を変革しながら、被災者に寄り添う活動を展開していることを紹介してきた。そこからは、伝統行事を通して死者の臨在を想起したり、メタファーによって自ら活動を起こすように促したり、物語によって未来を構想したり、あるいは、減災という言葉に囚われずに地域社会を冷静に見る活動があったりして、現状を変革していく萌芽は生まれつつあった。ここでの文脈でいえば、意思以前的な共同体への回帰ではなく、そこからの脱皮への胎動、すなわち、意思的な共同態（の連合）が芽生えつつあるというのが現状ではあった。

災害ボランティアが拓く新しい社会という目的地では、こうした現状は進展し、交換様式Dの泡沫性と、交響体の連合形成の困難という局所性が乗り越えられていると考えよう。目的地周辺の様子は、以上の通りである。

ここまでの議論で、現在地と目的地が明らかになったのだから、今度は、目的地に至るルートを探してみよう。すなわち、災害ボランティアに注目することによって、交換様式Dに満ちた交響体の連合を実現する方略に関する議論を展開する。具体的には、泡沫的な交換様式Dが維持されている交響体が、局所性を打破してその連合体を形成しているような社会へのルートである。

3　目的地へのルートを開拓する——アクションリサーチ

災害ボランティアが拓く新しい社会という目的地に到達するには、超えなければならない関門が少なくとも二つある。風景の局所性と泡沫性である。災害ボランティアが拓く新しい社会は、局所的には、災害ユートピアとして現れる場合がある。しかし、それは被災地以外には、なかなか広がっていかない。さらに、災害ボランティアが拓く新しい社会は、一時的にしか現れない。新しい社会の典型例である災害ユートピアもまた泡沫的である。

そこで、これらの問題に取り組むためのアクションリサーチを展開する。まず、局所性については、ネットワーク論の知見を援用することで解決を図りたい。次に、泡沫性については、間歇的誘発という考えを導入してみる。すなわち、一つ一つの風景は泡沫的であっても、それが時々生じることで、長期的に見れば、災害ボランティアが拓く新しい交響体があちらこちらに現出するようにするというアイデアである。そこで、アクションリサーチの具体的な場面として、第一章で紹介した「被災地のリレー」、すなわち、過去の被災地の人々が、現在の被災地の人々を支援することの連鎖に注目する。

これで点検すべきルートが定まったことになる。そこで、少し寄り道をして、被災地のリレーに見られるような互助行為を整理するために、民俗社会学が明らかにしてきた日本の伝統的な互助行為の仕組みについて検討する。続いて、リレーについて、示唆的な成果を上げてきている進化生物学を一瞥しておこう。

寄り道（1）民俗社会学より――ユイ、モヤイ、テツダイ

日本には、各地に伝統的な互助行為の仕組みが存在する。例えば、各地で呼び名は少々違っていても、ユイ、モヤイ、テツダイといった互助の仕組みがある。社会学者恩田守雄は、その大部の著書「互助社会論」[78]で詳細な分析を加えている。本節では、その議論を概括し、災害ボランティアとの異同を確認しよう。

恩田は、地域社会における自生的な互助秩序を沖縄や本土島嶼部の事例をもとに検討し、ユイ、モヤイ、テツダイの三つの理念型を抽出して、相互の関係を周到に検討している。恩田によれば、ユイは、交換労働に見られるような互酬的行為である。その軌跡は、点と点との間の双方向の対称性を示す。つまり、行為者と行為者との間には、財とサービスが交換されるが、それは双方向

であり、対称性が成立する。

一方、モヤイは、協働労働に見られる再分配行為である。その軌跡は、周辺から中心に向かい再び広がる集中（求心）と分散（遠心）の方向を示す。すなわち、共通の事柄（公共の事柄）をめぐって協働で労働し、その結果を参加した行為者間で分配する行為である。

最後に、テツダイは、無償労働としての支援行為であり、行為者間の財とサービスのやりとりは一方的、片務的であって非対称である。テツダイには、成員間の対等なヨコの社会関係に基づく「支援的行為」と、行為者間に「助力」格差が存在するタテの社会関係に基づく「援助的行為」に大別される。地縁によるテツダイは、住民の水平的ネットワークと親和性がある。血縁によるテツダイは、本家―分家などを想定すればわかるように垂直的ネットワークであって、行政との関係もこちらに親和性がある。

恩田は、ユイをボランティア登録制を通した労力交換といった互酬的行為に、モヤイを善意の市民バンクなどの再分配的行為に、そして、テツダイを災害救援活動という支援的行為に対応させている。また、ボランティア精神には、伝統的なユイやモヤイやテツダイの「隣保共助の精神」が基調にあって、それは組織の形をとるというよりも、深層部に存在する互助意識によって結びついたネットワークそのものであるという指摘（二三二頁）をしている。

78　恩田守雄（二〇〇六）『互助社会論―ユイ、モヤイ、テツダイの民俗社会学』世界思想社

確かに、様々なボランティア活動一般を指す場合には、このような対応関係も意味をなすであろう。また、災害ボランティアが純粋な贈与を目指すこと（だけ）に注目すれば、モヤイによる供託行為こそ、純粋贈与であるという考えもなりたつ。しかし、ここでは、災害救援活動に携わるボランティアをテツダイに対応させて考えてみよう。事実、恩田は、「現代の（災害）ボランティアはこうしたテツダイであり、ユイのような互酬性やモヤイのような再分配性をもたない『片助行為』と言えよう」（九頁、（ ）内は筆者による加筆）としている。先述のように、テツダイには、住民の地縁的・水平的ネットワークと血縁的・垂直的ネットワークがある。災害は、一時的ではあれ、両軸をともに、機能不全に陥れる。災害ボランティアは、いわば、横軸と縦軸によって張られる座標空間に引かれる正の傾きをもった直線であり、その傾きの大きさが問われる。実際、限りなく市民に近い（傾きの小さな）災害ボランティアも行政に近い（傾きの大きな）災害ボランティアも存在している。

興味深いことに、恩田は、災害ボランティアを片務的な支援行為としてのテツダイと対応させつつも、「ボランティアの行為も、また別の機会に行為の返礼を受けることがあり、双方向の奉仕活動につながることが少なくない」（一九頁）と指摘する。これは、片務的なテツダイが、何らかの過程を経て、ユイのような互助的行為へと転換することがあるという指摘である。ただ、この指摘に付された注には、「一九九五年の大震災で支援を受けた人たちが、他地域の被災者に対してボランティアとして積極的に支援活動をしてきた」（二二頁）と述べられている。この表現が、当時支援をしてくれた特定の相手に対する支援活動を指しているのであれば、互酬的行為としてのユイとなるが、文字通り、他の地域の被災者への支援活動を指しているのであれば、支援行為として新たなテツダイが生じていることになる。被災地のリレーは、ここで見いだされる新たなテツダイということになろう。

そもそも、災害ボランティアは、被災者からの見返りなど期待しない一方的片務的な活動であるから、テツダイと対応する。しかし、災害ボランティアがテツダイと決定的に異なるのは、災害ボランティアの対象が、（少なくとも初期においては）不特定の被災者であるということである。伝統的な集落であれば、テツダイの相手は、いわば顔の見える住民であった。しかし、災害ボランティアは、不特定の被災者へと支援活動という贈与を繰り返す。災害ボランティアは、相手を特定せずに、被災された人々であれば、分け隔てなく贈与を行う。

整理すれば、伝統的なユイ、テツダイ、モヤイといった互助行動は、災害ボランティアと類似している。特に、テツダイには、災害ボランティアの姿が重なる。ただし、これらは、予め互助関係にある一群の人々の閉じたネットワークであり、これまでに述べてきた被災地のリレーとは異なると言えよう。

寄り道（2）　進化生物学より――逆行的互恵性

進化生物学の分野では、利他的な行動が、進化的にどのような意味を持つのかといった観点から、様々な研究が行われてきている。被災地のリレーは、ある時点でAさんがBさんを援助した場合、次の時点で、BさんがCさんを援助することという風に考えることができる。この三者による利他行動について、既存の研究は、必ずしも明確な説明を与えていない。進化生物学では、この関係を逆行的互恵性と呼ぶ[79]。ちなみに順行的互恵性とは、AさんがBさんを援助した場合に、次の時点で、CさんがAさんを援助することを指す。無論、三者関係には、もう一つ、AさんがBさんを援助した場合、次の時点で、CさんもBさんを援助するという関係もあり得る。この場合には、Cさんは、Aさんを真似たとも言えようから、模倣と呼んでおこう。

ここでは、次のように名付けてみよう。

1. 被災地のリレー（A↓B↓C：逆行的互恵性）
2. 「情けは人のためならず」（A↓B、C↓A：順行的互恵性）
3. 模倣（A↓B、C↓B）

被災地のリレーでは、リレーが行われるかどうかの鍵を握っているBさんに注目しているのに対し、「情けは人のためならず」では、Cさんに注目し、Aさんが実際に何らかの援助を得られるかどうかに関心が集まる。模倣でも注目はCさんに集まる。Cさんは、Aさんを真似てBさんを支援しているのかどうかが検討される。

進化生物学によれば、「情けは人のためならず」という関係は、Aにとって、メリットがあるから、適合的であるとされる。無論、被災地のリレーも、もしA、B、Cの三者しかいなければ、ある程度高い確率で、その後、CがAを援助することもありうるから、Aにとって、メリットが生まれるが、人数が多くなれば、Aはメリットを得られる確率が低下するため、被災地のリレーという関係は、生じにくいし、進化論的には説明困難であるとしている[80]。

こうした研究は、数理モデルに基づくシミュレーションであったり、子どもたちの利他行動を探求する発達心理学的な研究[81]であったりする。ここでは、一つ一つの研究成果を列挙しないが、概して、シミュレーションで用いた数理モデルや、発達心理学者の観察では、Bに焦点が当てら

79　Nowak, M.A. & Sigmund, K. (2005). Evolution of Indirect Reciprocity. *Nature*, 437, 1291-1298.
80　Nowak, M.A. & Roch, S. (2007). Upstream Reciprocity and the Evolution of Gratitude. *Proceedings of the Royal Society B*, 274, 605-609.

れてこなかった。すなわち、情けは人のためならずのモデルであっても、模倣のモデルであっても、Aから援助を受けたBの行動ではなく、Cの行動に注目が集まっている。その結果、現時点では、被災地のリレーについて、厳密な知見は得られておらず、被災地のリレーを起こしやすくする要因などについては、今後の研究を待たざるを得ない。

今後、こうした民俗社会学的な知見や、進化生物学の知見を視野に入れつつ、被災地のリレーの生起メカニズムを探求することも学術的には意義深いと思われる。筆者自身、こうした知見から導かれる様々な理論仮説をもとに、実践研究はもとより、実験的研究やシミュレーション研究、そして、国際比較研究などを行うことを計画している。そうした研究から、リレーの現場で何が起こっているのか、何がリレーされているのか、リレーを促す要因は何か、リレーを受けた時にいかなる変化が生じるのか、リレーは拡散するのか、リレーは進化論的に説明できるか、リレーが伝統的に見られなかったのはなぜか（いかなる社会変化がリレーを促進したのか）など、様々な知見が導き出され、被災地のリレーの実践へと環流させることを考えたい。

ルートから見える風景

ここでは、筆者によるアクションリサーチを紹介する。これは、被災地のリレーの局所性と泡沫性を打破する方略を抽出するために、まずは、被災地のリレーを実施しようとしている人々をさらに促し、被災地のリレーの実現を図り、その事例を分析したものである。

第一章で述べたように、筆者らは、岩手県野田村でチーム北リアスを結成して、救援活動を展開するとともに、福島からの避難者を新潟で間接支援するという活動を行っていた。間接支援であるがゆえに、度々、新潟を訪れて、その様子を把握しようとしていた筆者には、新潟の人々から「東北の被災地での活動を模索している」という声が聞こえてくることが頻繁にあった。福島からの避難者に対する支援と同時に東北でも支援を展開したいというわけである。そうした相談を受けた中で、ここでは、新潟県刈羽村の皆さんに、野田村での活動を紹介し、刈羽から野田村への支援がありうることを伝えた事例を紹介する。[82]

朝の気温がマイナス七度を記録した二〇一一年一二月一〇日、岩手県野田村役場の前の駐車場に刈羽村から来たバスが到着した。刈羽村社会福祉協議会の面々と村民合わせて一五名が、夜行バスの疲れも見せず降り立った。NVNADも、この日、西宮からのバスを運行した。筆者ら

---

81 Kato-Shimizu M., Onishi K., Kanazawa T. & Hinobayashi T. (2013). *Preschool Children's Behavioral Tendency toward Social Indirect Reciprocity. PLOS ONE 8(8)* : e70915. [DOI] 10. 1371/journal. pone. 0070915 [URL] http : //dx. plos. org/10. 1371/journal. pone. 0070915

82 第一章で一端を紹介した事例である。他にも、筆者の関わったリレーとして、新潟県小千谷市塩谷集落から福島県南相馬市、小千谷市の小千谷闘牛会が岩手県大槌町および野田村に対して行ったリレーがある。筆者は、全国の事例を調べたわけではないが、他にも多くの事例が存在するものと思われる。

写真１
岩手県野田村泉沢仮設住宅の交流会場に飾られた横断幕（原案では、左から、西宮→刈羽→野田と時系列に表されていたが、最終案では、訪問先である野田村を中心に置き、両側に刈羽と西宮を配置している。）

は先に野田村に入り、二台のバスを迎えた。双方のバスに、互いに顔見知りのスタッフがいるため、バス間の事前の調整は万全で、すぐに活動が始まった。まず、刈羽村の方々が中心となり、泉沢地区にある仮設住宅で餅つきを行ったのを皮切りに、集会所での交流会、趣味の手芸について技術や作品の交換などが始まった。あれこれと細かく計画されたプログラムなどはおよそ不要であり、刈羽村の住民と野田村の住民は、まるで以前からの知り合いであるかのように会話を交わし、溶け合うような交流を展開する姿が見られた。会場には、西宮、刈羽、野田のリレーであることを示す横断幕も飾られた（写真１）。

また、新潟県柏崎市の企業から協力を得て持参したお菓子は、五カ所に分散されている仮設住宅の全戸に対し、一軒ずつ手渡しで配布された。どこに行っても、すぐに会話が始まり、時に、野田村の方も刈羽の方も、被災当時を思い出して涙される場面があった。夕方からは、チーム北リアスと泉沢仮設住宅の方々とが一緒に開催してきた月例交流会と野田中学校仮設住宅で同時開催された交流会に別れて参加し、今度は「新潟の酒と岩手の酒の飲み比べだぁ」などと賑やかに交流が始まった。途中、参加者から歌は出る、思い出話に花が咲く、大いに盛り上がる中、あちらこちらで、被災体験を含む深刻な話が繰り広げられていたことも印象的であった。

この日の活動を通して、刈羽村からのボランティアが、野田村で被災された方々への想いを届けようと、野田村各地で懸命に活動している姿は、多くの人々の胸を打つものであり、翌朝の地元紙[83]にも採り上げられた。筆者自身、二〇〇七年の中越沖地震の救援活動からずっと交流を続けてきた刈羽の方々の姿に、あの当時大変だった刈羽村が重なり、「いつか、同じ苦しみにある方々の傍《そば》に寄り添いたい」と仰っていたことが実現したことに感銘を受けていた。

筆者のフィールドノートには、参加者の言葉として、

「……」（初対面で泣いて・笑って抱き合う）

「ずっと助けられるばっかで、何とかお返ししてぇのぅと思ってたいやぁ。これでやっとね。おらほんと嬉しいんだよ」

83 岩手日報二〇一一年一二月一一日朝刊。なお、その記事は、新潟県の地元紙新潟日報にも転載された。

「帰りのバスがた〜いへん。また次もやろうとかってさ。こらぁ来てみねぇとわがんないのぅ」

「おら、ボランティアなんてわかんなかったし、はっきりいってきれいだったのぉ。でも、いっっっしょうけんめ、おらの家の落ちたブロック片付けてくれる姿。あれにゃぁこころ打たれたのう。でも、誰だかわかんね。きっとさ、おらも元気になったら何かお返ししようとそんとき思ったんさ」

「こうしてここにお返しさせて頂くことが、私たち支援を受けた者の務めだと思います」

といった声が残されている。ここには、泡沫的で局所的ではあるが、不特定の被災者に見返りを期待しない片務的な活動を何であれ行い、被災者の喜びを自らの喜びであると交響する人々の姿がある。

さらに刈羽村からのボランティアが去った後、野田村で話を聞くと、「支えてもらうばかりでは心苦しい」という声が聞こえることがある。また、「何とかお返しをしたい」という相談を受けることもある。そんな時は、ボランティアによる活動が、被災者本位ではなくボランティア本位になっていないかどうかを真摯に再検討しながら、「もしまたどこかで災害に遭われて困っている方々がいらっしゃれば、助けて差し上げて下さい」と応じている。

被災地のリレーが意味すること[84]

一九九五年に全国からの支援を受けた兵庫県西宮市から、二〇〇七年中越沖地震で被害を受けた刈羽村へと支援がなされ、そして、二〇一一年東日本大震災に際して、刈羽村から岩手県野田村へと支援が展開された。過去の被災地から、現在の被災地へと支援がリレーされているように見えることから、「被災地のリレー」と呼ばれる。もちろん、リレーもまた一つのメタファーである。例えば、陸上競技のリレーを思い浮かべると、バトンやリレーゾーンといった次々と論ずるべき事柄が見えてくるが、ここでは立ち入らず、上記に紹介した事例から、いくつかの示唆を導いておこう。

84　以下では、災害ボランティアについて、支援する側（のみ）からの議論を展開する。言うまでもなく、被災者支援は、被災者本位である。無論、被災者中心だと声高に論じることが被災者中心なのではない。被災者の傍《そば》にいることから始まる実践こそが被災者本位だと言える。また、言語化して文字にするのであれば、被災者の視点から、支援について書くことが被災者本位である。その際、われわれは、常に被災者の声に耳を傾けつつ、それを聞き取れていないと自覚し、言語化してもその行間に込めた事柄に思いを馳せるべきである。したがって、研究者や災害ボランティアが、被災者の立場に立つことなく、被災者のことをああでもないこうでもないと語ることは避けたい。以下で述べることは、このことを十分に踏まえた上で、敢えて、災害ボランティアという視点（のみ）から書いていることを断っておきたい。

図 7.2　被災地のリレー

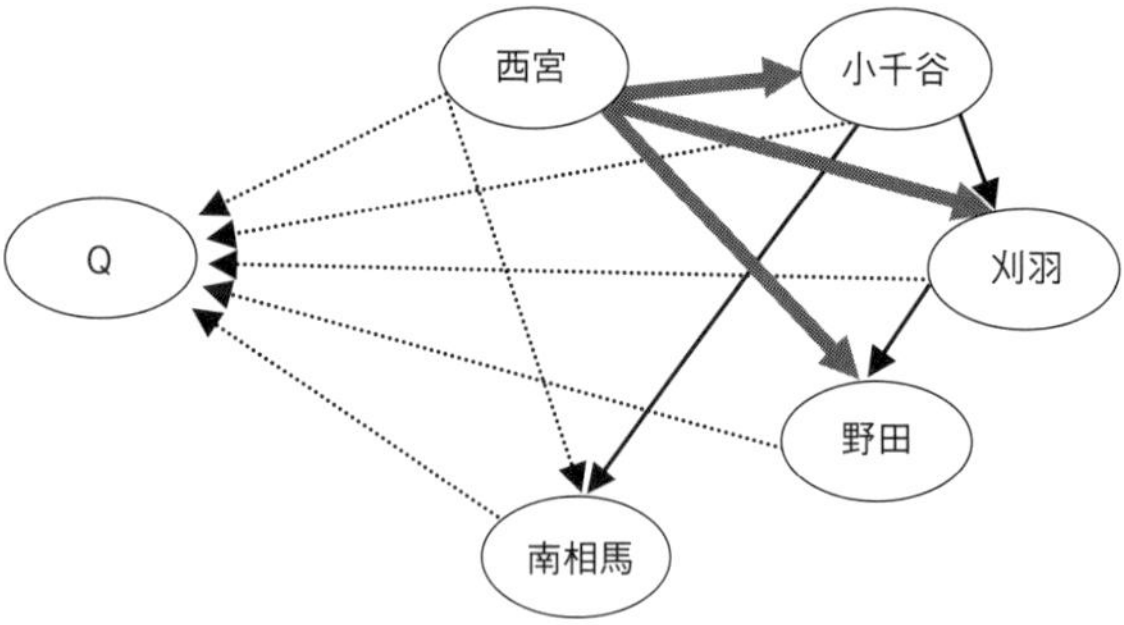

リレーの形式　最初に、事例に示された被災地間の関係を図示し（図7・2）、その形式について把握する。まず、一九九五年阪神・淡路大震災で被災して、全国から助けられた西宮市の団体（NVNAD）が、二〇〇四年には小千谷市、二〇〇七年には刈羽村、そして、二〇一一年には野田村が被災した際に、支援活動を展開した。図7・2には、それぞれが矢印で示されている。また、詳述してこなかったが、実は、二〇〇七年には、二〇〇四年に中越地震で被災した小千谷市塩谷集落から刈羽村への訪問と交流が始まった。そこで、小千谷から刈羽への矢印が引かれている。また、二〇一一年、小千谷市も刈羽村も、福島県からの避難者を受け入れた[85]後、小千谷市からは、福島県南相馬市へと支援活動が展開されているので、矢印が示されている。なお、矢印は、片方だけに向いていることに注意しておきたい。

　ここで、西宮を基点として、小千谷、刈羽、野田に焦点を当ててみると、西宮から小千谷へ、今度は、小千谷から刈羽へ、そして、刈羽から野田へと矢印が、リレーのように繋がっている。また、西宮から、刈羽、野田へと矢印が、リレーのように繋がり、「被災地のリレー」を形成している。

なお、図7・2には、仮想の地域Qが書き込まれている。将来、地域Qが被災した場合、西宮、小千谷、刈羽からの矢印に加え、南相馬や野田からも矢印が出れば、ここに被災地のリレーがまた一歩進むことになる。

リレーの原動力　リレーの場面を災害ボランティアの側から見ると、ただただ被災者の傍《そば》にいて、臨機応変に活動し、被災された方々に寄り添うということに尽きる。一方、被災者の側から見ると、災害ボランティアに助けられたことは、与えられるばかりだと感じられ、何か「負債」をおわされたように感じられることもある。実際、野田村では、ボランティアが帰った後に、「支えてもらうばかりでは心苦しい」という声があった。また、「負債」を返そうと考え、「何とかお返しをしたい」という相談を受けたりもしたのであった。お返しをする相手としては、支援した災害ボランティアではなく、「またどこかで災害に遭われて困っている方々」が実際的であると

85　ここには明示されていないが、小千谷市内、刈羽村内で、住民が避難者を支援した地道な活動がある（第一章参照）。また、矢印で示されている活動の始点側では、終点側へと向かう災害ボランティアを支援する後方支援活動（例えば、寄付）などがあることは、明示されていないが、決して忘れてはならない重要な支援活動である。

推奨してきた。小千谷や刈羽の人々が、福島県からの避難者を待って歓待したこと、そして、野田村で活き活きと活動していた刈羽の方々の姿には、あたかも「負債」をようやく返したという安堵感があったように思える。こうした「負債」の返還が、被災地のリレーの原動力の一つになっている。ただし、その変換先が、贈与の送り手ではなく、新たな被災地の人々であるということが、被災地のリレーたる所以である。

リレーの内容

ところで、被災地のリレーを通じて、被災経験をもつ人々どうしが交流するとは、どのような事態であろうか。通常は、同じ苦しみを知っているから、同じ悲しみを体験しているからわかり合えるという風に説明される。確かに、体験した災害が異なっても、被災地の当事者という風に考えれば、両者に共通点は多いように思える。実際、被災地の人々が、外部から訪問した人に「被災していないあなたに何がわかる!」という言葉を発してしまう場面はある。逆に、外部から訪れた人々からは、被災者は自分たちだけの世界を作って閉じこもっているので、接しにくいという声も聞こえる。しかし、被災者と外部者との違いは、明らかなのであるから、両者が対話を重ねるしかない。むしろ、問題は、被災者であれば、苦しみや悲しみを共有しているのか、だからわかりあえるのかと疑ってみることである。

考えるまでもなく、被災地のリレーに参加している人々と、その訪問先の被災者の苦しみや悲しみは同一ではない。そもそも、特定の被災者が、特定の災害に遭遇した経緯や、その結果抱いている苦しみや悲しみについて、他者が知るよしもない。むしろ、ここで注目したいのは、災害に遭遇することが、どれだけ苦しく悲しいことであるかは互いに知っているということである。さらにいえば、そう簡単には、理解してもらえない、苦しみや悲しみがあるということ、そのことは共通に知っているということである。

実は、他者の痛みへの真の共感は、「それは私にはわからない」、「私からはそこにどうしても到達できない」ということを、痛切に実感することのほうにあるという指摘がある。[86] こうした共感の不可能性に共感することを〈共感〉と記そう[87]。例えば、慢性疼痛の治療場面では、痛みに苦しむ相手に共感して痛みを取り除いてあげようとする「痛み随伴性サポート」と、痛みとは関係のないところでサポートする「社会的サポート」がある。そして、前者は、症状をかえって悪くすることがわかっており、痛みに共感できないことに〈共感〉し、痛みとは関係のないところ

86　熊谷晋一郎・大澤真幸（二〇一一）「痛みの記憶／記憶の痛み―痛みでつながるとはどういうことか」現代思想、三九―一一、三八―五五

87　〈共感〉は、何も災害による苦しみや悲しみでなくてもみられる。例えば、恋心の痛みは、自分にとっては、決して他人には理解できない（されたくない）ほど私的な痛みであるが、そういう痛みを経験している人が他にもいることだけは共有している。また、死は、決して共有されないということだけが人々に共有されている。共感不可能性を共感することが、痛みや悲しみを和らげることは、大変示唆的である。

でサポートをする後者の方が痛みを和らげることができると報告されている[88]。

被災地のリレーの現場で起こっていることも同様であろう。刈羽村からのボランティアが、野田村の仮設住宅に住む住民とともに涙を流すとき、そこに数年前の自分を重ねていることは想像に難くない。と同時に、刈羽村からのボランティアは、津波で多くを失った野田村の被災者を理解できると考えて、被災者の苦しみに随伴したサポートを展開したわけではない。むしろ、餅をついて味わい、手芸を楽しみ、お菓子を配り、そして、日本酒の味比べをやりながら、時を共に過ごしたに過ぎない。こうした一見、苦しみや悲しみとは関係のないところでのサポートが、被災者の癒やしに繋がることを願って活動したわけである。被災地のリレーが示唆していることは、〈共感〉、すなわち、共感不可能性に関する共感が、人と人とをより強力に、より深く結びつけるということである。

リレーの後で　被災地のリレーから見落としてはいけないのは、リレーを開始した側、すなわち、過去の被災地の変化である。極論すれば、リレーを完遂してはじめて過去の被災地の復興は一段落するとも言えよう。上記の事例の中でも、「ずっと助けられるばっかで、何とかお返ししてぇのぅと思ってたいやぁ。これでやっとね。」と語られている。これでやっと、自らの復興への取り組みも一段落するという意味であろう。

第五章では、復興という言葉を使わなくなったときが、復興を遂げた時であると述べた。図式的にいえば、災害ボランティアから一方的な支援を受けた被災地は、リレーを完遂しない限り、ずっと復興途上にある被災地であり、リレーを行った時、はじめて復興が遂げられるのかもしれない。

このことについて、実に的確に表現された場面がある。東日本大震災で甚大な被害を受けた宮城県南三陸町で支援活動を展開している地元の方にインタビューをしていた時のことである。まだ被災の傷跡があちらこちらに残っている時期、南三陸の復興を話してくださる中に、「どこか他の被災地をお助けできた時、その時が、私たちの復興です」という言葉が含まれていた。

局所性の打破としてのリレー

被災地のリレーの事例が示唆するのは、災害ボランティアが、一方的・片務的な支援行為の連鎖として、複数の被災地を接続するということであった。簡単に想像できるように、片務的に接続された地域は、いずれ連鎖が充満し、最初の地域へとベクトルが戻って来ることはあり得る。例えば、図7・2において、西宮が再度地震災害に見舞われた場合、図中の地域（の一部）は、

88　熊谷晋一郎・大澤真幸（二〇一一）「痛みの記憶／記憶の痛み―痛みでつながるとはどういうことか」現代思想、三九―一一、三八―五五

一方的・片務的支援行為として、西宮への支援活動を展開する可能性はあるが、すでに、西宮からの支援行為を受け取っているために、結果として、双務的・互助的な支援行為となる。言い換えれば、時を経て、西宮と（例えば）刈羽の間に、互助的な関係が成立することになる。

しかし、支援の連鎖には、このこと以上に深い含意がある。ここで、図7・2に地域を示す楕円を全国の自治体の数だけ加えたと考えてみよう。本章で紹介してきたような被災地のリレーは、全体から見れば、実にほんのわずかの自治体の人々が関係を構築したということに過ぎない。被災地のリレーなどといっても、あまりにも地道で局所的な活動であって、日本社会全体といった大きな場には、ほとんど何ら意味を持たないように見える。しかし、支援の連鎖が、この社会の一部でローカルに生じると、実は、多くの人々が繋がる契機となるのである。

社会心理学者スタンレー・ミルグラム[89]は、われわれが、自分とはまったく縁もゆかりもない見知らぬ人であっても、わずか数人の人々を介せば、その人にたどり着けるということを実験的に示した。例えば、沖縄と北海道から若者をランダムにそれぞれ一人選び、沖縄の若者（Xとする）に対し、北海道の若者（Yとする）を知っているかと尋ねる。当然ながら知らないと応えるであろうから、Xに、少しでもYを知っていそうな友達を紹介してもらう。そして、今度はその友達に、Yを知っているかと尋ねる……こうして友達の友達をつないでいく場合、もともと知り合いでも何でもないYへと至るには、とんでもなく多くの人々を介さなければならないと想像できる。

ところが、意外なことに、たった数人を介するだけでXとYはつながるということが示されたのである。世間は狭いという意味の英語から、これは、スモール・ワールド問題といわれている。

最近、スモール・ワールド問題は、ワッツとストロガッツ[90]によって、グラフ理論に基づいて数理的に検討されており、その結果は、さらに示唆的である。すなわち、たくさんの点が、(例えば、円環状に) ローカルに、隣同士だけで繋がっているような状態を想定すると、遠くにある点とは隔たりが大きく、繋がるにはたくさんの点を介さなければならない。しかし、そこにランダムに線を数本入れる（ランダムに選んだいくつかの点と点を結ぶ）と、遠くにある点との隔たりは、劇的に縮まり、少ない点を介するだけで様々な点と繋がることが示されている。

被災地のリレーから生じる局所的な交換様式Dに満ちた交響体は、このようにして広域へと繋がり、ついには全体が繋がる可能性をもつ。大澤真幸[91]は、国際協力NGOをこうしたランダムな線の一つに見立てて、各地で孤立する民主主義が相互に繋がる可能性に希望を託している。被災地のリレーによって生じる交換様式Dに満ちた交響体は、局所的であり、小さな交響体である。しかし、ネットワーク論が示唆するところによれば、ランダムな繋がりが、全体を結合していく

89 Milgram, S. (1967). The Small-world Problem. *Psychology Today*, 1, 60-67.
90 Watts, D. J. & Strogatz, S.H. (1998). Collective Dynamics of "Small-world" Networks. *Nature*, 393, 440-442.
91 大澤真幸（二〇〇八）『不可能性の時代』岩波新書

のである。自然災害は、各地で発生する。いわば、発生する土地は、ランダムに近い。となれば、被災地のリレーが行われることによって、局所性は克服され、交換様式Dに満ちた交響体の連合へと至る可能性が拓けてくる。

残る課題は、遊動化のドライブとしての被災地のリレーの泡沫性を打破し、いかに持続的に展開するかということである。

泡沫性の打破——間歇的誘発

さて、遊動化のドライブの局所性をネットワーク論で打破したとすれば、最後の課題は、遊動化のドライブとしての被災地のリレーの泡沫性を打破し、いかに持続的に展開するかということである。そもそも、交換様式Dが泡沫的であることを踏まえれば、持続的展開にも工夫が必要になる。ここでは、持続を間歇的な持続と捉えよう。すなわち、ある時点ある場所で生まれた特定の交換様式Dが、そのまま持続することを目指すのではなく、別の時点、別の場所でも交換様式Dを生みだすように遊動化のドライブを誘発していくことである。

そこで、ここでは、災害NPOに注目したい。災害NPOは、被災者と緊密な連絡をとって、災害ボランティアに対し、様々な活動プログラムを準備することを重要な活動としている。ここまで示してきたように、災害ボランティアが、不特定の相手に対する（純粋）贈与を推進することによって、交換様式Dが、泡沫的であれ実現する。そして、支援活動の連鎖が、その局所性を打破し、社会に交換様式Dをもたらす可能性まで見据えたとき、災害ボランティアをコーディネートする災害NPOが果たす役割はますます重要になる。過去の被災地との交流を継続している災害NPOであれば、過去の被災地の人々が、その意向を示した時、災害ボランティアとしてコーディネートしていくことができる。このことが、いわば「あの時見た」パラダイス＝遊動化のドライブに支えられて生じる交換様式Dに満ちた交響体を想起させ、被災地のリレーの実現へと向かうという発想である。

では、災害NPOは、被災地のリレーの実現に向けて、何をすればよいだろうか。まず大前提として、災害NPOは、原則を維持するべきである。（災害）NPOであれば、営利企業（資本）でもなく、政府・行政（国家）でもない独立した存在として活動し、必要と認めれば、異議を唱え、社会に新鮮な選択肢を提示していくことが、原則であろう。また、災害NPOは、被災者本位に考え、被災者に寄り添う災害ボランティアの本質を踏まえた、活動プログラムを準備することが、何よりの原則になる。

こうした原則を踏まえた上で、被災地のリレーを見据えたとき、災害NPOは、まず、徹底的にローカルに実践することが求められる。図7・2に示した連鎖は、その一つ一つが希薄であればリレーになっていかないからである。したがって、特定の被災地や被災者を支援する場合、徹底的にそこに寄り添う活動を展開することが肝要である。ただし、ここまでの考察が示唆するのは、特定地域の救援活動に専念する際に、被災地のリレーを念頭に置いて活動することの重要性である。

具体的には、まず、被災地のリレーを念頭に置きつつも、不特定な他者への純粋贈与を理想として始まる災害ボランティア活動を展開することが前提である。ここにこそ、泡沫的であれ、交換様式Dが見られるのだから。例えば、東日本大震災で改めて注目を浴びたボランティアバスの運行なども積極的に行い、できるだけ多様な機会を提供していくことが必要であろう。

次に、現場において、何らかの返礼の動きがみられた場合には、次なる被災地での活動があり得ることを伝える。このことが、被災地のリレーの原動力となることは、先に示した通りである。そして、災害が発生すれば、その都度、過去の被災地も念頭において、被災者本位に積極的な活動を展開する。災害NPOが、こうした視点をもって活動することによって、災害ボランティアの活動が、間歇的ではあれ、被災地のリレーとして連鎖し、社会全体という場で、意外なほど早く、交換様式Dに満ちた交響体をもたらす可能性が生じるのである。

被災地のリレーから生じる交換様式Dに満ちた交響体の泡沫性は、このようにして間歇的ではあるが、持続性を確保する可能性をもつ。そのためには、災害NPOが、基本的姿勢を維持しながら、積極的に災害ボランティアとの関わりを深めていく必要がある。また、ここで想定しているのは、小さな交響体の連合であって、大きな交響体を夢想することではない。したがって、ある特定の災害NPOが全国的に大きくなったり、あるいは、全国をカバーするような災害NPOのネットワークは、さしあたって必須というわけではない。遊動性のドライブを胚胎した災害NPOの地道な活動が、被災地のリレーの間歇的な生成を促し、交換様式Dに満ちた交響体の連合へと至る可能性を見つめておきたい。

4 旅の日記から——災害ボランティアに開ける世界

ここまで、災害ボランティアが拓く新しい社会を目的地とする旅を進めてきた。最初に、現在地を確認し、目的地の風景を描き、そして、目的地に至るルートを確保して進めてきた旅であった。実際にとったルートは、一九九五年阪神・淡路大震災、二〇〇七年中越沖地震、そして、二〇一一年東日本大震災へと繋がる一つのリレーであった。こうした特定の被災地間で行われるリレーが、ネットワークの特性によって、拡大する可能性を秘めていることを明らかにして、リレーの局所性を解消した。また、間歇的誘発という発想から、一つのリレーの持続を進めるだけではなく、仮に一つのリレーが泡沫的であっても、各地で時々リレーが発生する方略を模索しておいた。その結果、辿り着く新しい社会には、遊動性に満ちた純粋な贈与が展開するローカルな集合体が意図的に形成され、それらが相互に連合する姿が垣間見えていた。ひとまず、これで災害ボランティアが拓く新しい社会への旅の様子は素描できたものと思う。

ただ、実際の旅の途上では、様々な出来事に出会うはずである。最後に、旅の途中で出会う出来事について、重要な事柄を抽出して考察を加えておこう。いわば旅の日記から、思い出深いシーンを採りだして紹介することになる。

常に、秩序化のドライブを警戒せよ

災害ボランティアが拓く新しい社会への旅は、何度も中断の危機にさらされる。まず、目的地は、純粋な場所として存在しているのではない。交換様式を紹介した際に、交換様式Bは、Aを含み、Cは、A、Bを含むことを指摘しておいた。つまり、ある交換様式が単独で存在することはなく、支配的な交換様式の背後には、その交換様式が否定してきた別の交換様式が伏在しているのであった。従って、交換様式Dが（間歇的に）支配的となる場面であっても、その背後には、他の交換様式が存在している。具体的には、災害ボランティアが拓く新しい社会の背後を見れば、市場経済や国家、ネーション が消えてなくなったわけではなく、いつでもそれらが支配的な交換様式として出現する可能性が秘められている。現在は、市場経済至上主義の動きが強力であるから、災害ボランティアが拓く新しい社会が実現したとしても、すぐに市場経済へと引き戻すドライブが作動する。同時に、国家やネーションに向かうドライブも存在する。まさに、このドライブが秩序化のドライブなのであった。

災害ボランティアが拓く新しい社会への旅を進めるのであれば、秩序化のドライブへの感性を研ぎ澄まし、一旦、感知したら、決して秩序化のドライブに巻き込まれないように耐え抜かねば旅を完遂できない。実は、秩序化のドライブは、隠微に作用することもある。極端な場合、今回進めてきた旅をまるごとマニュアル化してしまうかもしれない。そのマニュアルには、災害ボランティアは、相手に関わらず贈与を行い、被災者の傍らに寄り添い、臨機応変に活動すべきであるとの文章が書かれ、さらには、被災地のリレーを展開することが望ましいなどと記されることになるかもしれない。そうなれば、被災地のリレーを実施することが目的化し、災害ボランティアを支えてきた遊動化のドライブが弱まってしまう。

残念ながら、この動きを確実に止める万能薬は、まだ見いだせていない。先に記したように、災害ボランティア活動のプログラムを立案していく立場にある災害NPOが、愚直なまでに被災者本位になっているかということを検証しながら、実践的な判断を重ねて行くしかないだろう。

忘れがたい光景——災害ボランティアの純化

最後に、旅の日記に記された印象に過ぎないと断った上で、筆者にとって忘れがたい風景を記しておきたい。

旅を続けていると、今までに見たことのないような、この世のものとは思えない荘厳な光に満ちた愛おしい風景に出会うことがある。そこでは、被災者も災害ボランティアもその光を浴びて美しく輝き、互いのかけがえのなさを直接的に感じ合っている。いや、もはや両者は溶け合っているると言えるかもしれない。災害ボランティアが支援を展開しているとか、被災者が支援を受けているとか、あるいは、被災地が復興に向かっているとか、そういう目の前の目的などは、光の中に吸い込まれてしまっている。災害ボランティアは、被災者の安寧という目的をもって活動していたかもしれない。しかし、この光に満ちた風景の中では、もはや、目的があってその達成のための手段があるといった構図そのものが、無意味化している。そこには、有用性という言葉すらない。目の前の被災者も、被災地も、そして、災害ボランティアも、そこにあるということが、端的に、純粋に、愛しい。

本書では、災害ボランティアについて、様々な事例や議論を紹介しながら論じてきた。その背後には、阪神・淡路大震災から約二〇年にわたって、現場に身を置きつつ、考えてきたとの自負はある。しかし、旅の日記を繙いてみると、ここで紹介したような風景――有用性の彼方に射し込む荘厳な光――に包まれる時の歓喜がところどころに記されている。実は、この風景に出会えるからこそ、被災地へとまた出かけていくのだと感じる。

何かのためではなく、「ただ傍《そば》にいる。」この言葉を、災害ボランティアが拓く新しい社会への旅の合い言葉とし、本書を閉じることにする。

あとがき

阪神・淡路大震災から一九年の月日が流れようとしている。一月一七日朝五時四六分は、私にとって、忘れようにも忘れられない時間である。あの日あの時に想いを馳せ、静かに祈りを捧げたい。
災害の発生した日に開催される追悼式をはじめとする様々な行事の場は、死者を不在としてしまいかねない現代社会において、改めて、死者の臨在に気づかせてくれる場でもある。災害で犠牲になられた方々だけではない、その地域で生きてきた過去の様々な人たちである。その場は、災害に関する研究や実践に携わるものにとっては、審判の場でもある。何を論じようとも、その基底に、被災された方々への想いと、臨在する死者へのまなざしがなければ、新たな社会は永遠に来ないだろう。災害ボランティアの一人として、研究者として、そして、被災者として、深く想いを馳せながら、新たな社会へと大切な時間を生きていきたい。

厳しい寒さに包まれた大阪大学野田村サテライトにて　渥美公秀

謝辞

　本書で述べたことは、どれ一つをとっても、たくさんの方々のご支援、ご協力があって成り立っている。本文中で名前（匿名も含む）を記した皆さまに心からのお礼を申し上げたい。また、これまで国内外のあちらこちらの被災地で出会ってきた様々な人々に感謝の気持ちを届けたい。中でも、新潟県小千谷市塩谷集落で展開している塩谷分校生徒会長の関芳之氏をはじめ、いつもあたたかく迎えてくださる同集落の皆さま、同県刈羽村社会福祉協議会会長武本純氏をはじめ職員および社協に集う村民の皆さま、岩手県野田村での活動から研究拠点まであらゆる面でお世話になっている貫牛利一氏とご家族の皆さま、そして、村民の皆さまには、格別の感謝の意を表したい。また、地元KOBEでは、被災地NGO恊働センターの村井雅清氏をはじめ長年のお付き合いを頂いている皆さまに感謝申し上げたい。

　東日本大震災の第一報を聞いて、当時在外研究で滞在していたロサンゼルスのアパートをそのままにして帰国した。全てを放り出して突然日本に帰った私に対し、在外研究先のカリフォルニア大学ロサンゼルス校の皆さまも、在外研究を支援してくださった日米教育委員会（フルブライト奨学金）も、そして、突然の契約破棄となったアパートの管理人や家具のリース先の人々も、皆さんが口を揃えて、あたたかい言葉を投げかけて下さった――「あなたを求めている人々のために動きなさい。あとのことは、私たちが担いますから」。

一方、日本では、突如として帰国してきたものの、ろくに顔も出さず救援活動にかかりっきりの私に対し、大阪大学大学院人間科学研究科の同僚や事務の方々が、全面的にサポートして下さった。どれも心に響く何よりのご支援だったと感謝している。また、同僚の志水宏吉先生、稲場圭信先生と東日本大震災からの復興に関わる共同研究を開始したところ、研究科からの支援を頂いた。また、リーディング大学院未来共生イノベーター博士課程プログラムが始まってからは、平沢安政研究科長、志水・稲場両先生、さらには、同プログラムに関わる多くの先生方や事務の皆さまに多大なご支援を頂いている。ここに記し、感謝の意を表したい。

現在理事長を務めている（特）日本災害救援ボランティアネットワーク（NVNAD）を支えてくださる皆さま、そして、同団体を運営してくださっている理事、職員、ボランティアの皆さまには、心より感謝するとともに、これからも、被災者とともにあるNVNADらしい活動を一緒に展開していきたいと願っている。

私自身が、研究者として、現場へ赴き、考え、議論し、書き進めていけるのは、恩師杉万俊夫先生（現京都大学教授）のおかげである。先生からは、研究の進め方について厳しく、かつ、あたたかくご指導頂いただけでなく、物事に取り組む姿勢、そして、研究者としての生き様を今もずっと学ばせて頂いている。先生の学恩には、感謝してもし尽くせない思いでいる。

最後になりましたが、本書の執筆を勧めてくださり、ずっと「傍《そば》にいて」、原稿の一部ができる度に、よい所を指摘しては励まし、修正すべき箇所についてはそっと知らせて支えてくださった弘文堂編集部の中村憲生様に、心よりお礼申し上げます。

本書は、災害が起こる度に、頻繁に家を空ける私をいつも笑顔で迎えてくれる家族に、感謝を込めて贈るとともに、災害に遭われて苦しみと悲しみの中にある皆さま、そして、その傍《そば》にあって活動する災害ボランティアの皆さまに祈りを込めてお届けしたい。

初出一覧

第一章　書き下ろし

第二章　矢守克也・渥美公秀編著（二〇一一）『防災・減災の人間科学』（新曜社）の渥美担当分をもとに改稿した。

第三章　第1節・第2節　菅磨志保・山下祐介・渥美公秀編（二〇〇八）『災害ボランティア論入門』（弘文堂）第三章第一部を大幅に加筆した。

第3節　書き下ろし

第四章　第1節　菅磨志保・山下祐介・渥美公秀編（二〇〇八）『災害ボランティア論入門』（弘文堂）第三章第二部を大幅に加筆した。

第2節　渥美公秀（二〇一二）「災害ボランティアの組織論」　組織科学　第四五巻四号三六ページ〜四六ページ（白桃書房）を改稿した。

第五章　第1節　矢守克也・渥美公秀編著（二〇一一）『防災・減災の人間科学』（新曜社）の渥美担当分をもとに改稿した。

第2節　渥美公秀（二〇一一）「災害復興と協働想起―二十村郷盆踊り大会の事例」大阪大学大学院人間科学研究科紀要　三七、三二一ページ～三四〇ページおよび矢守克也・渥美公秀編著（二〇一一）『防災・減災の人間科学』（新曜社）の渥美担当分をもとに改稿した。

第3節　書き下ろし

第六章　矢守克也・渥美公秀編著（二〇一一）『防災・減災の人間科学』（新曜社）より渥美担当分を改稿した。

第七章　渥美公秀（二〇一二）「被災地のリレーから広域ユイへ」人間関係学　一一、一ページ～一二ページをもとに書き下ろした。

【著者紹介】
渥 美 公 秀（あつみ ともひで）
1961年大阪府生まれ。大阪大学人間科学部卒業。フルブライト奨学金によりミシガン大学大学院に留学、博士号（Ph. D. 心理学）取得。大阪大学大学院人間科学研究科博士課程単位取得。神戸大学文学部助教授、大阪大学大学院人間科学研究科助教授などを経て、2010年大阪大学大学院人間科学研究科教授。自宅のあった西宮市で阪神・淡路大震災に遭い、避難所などでボランティア活動に参加。これをきっかけに災害ボランティア活動の研究と実践を続けている。特定非営利活動法人日本災害救援ボランティアネットワーク理事長のほか、日本グループ・ダイナミックス学会や日本自然災害学会の学会役員を務めている。主な著書は、「ボランティアの知」（単著、大阪大学出版会）「地震イツモノート」（監修　木楽舎）など。

災害ボランティア――新しい社会へのグループ・ダイナミックス

2014（平成26）年3月11日　初版1刷発行

著　者　渥美公秀
発行者　鯉渕友南
発行所　株式会社 弘文堂　101-0062 東京都千代田区神田駿河台1の7
TEL 03(3294)4801　振替 00120-6-53909
http://www.koubundou.co.jp

装　丁　笠井亞子
組　版　スタジオトラミーケ
印　刷　大盛印刷
製　本　井上製本所

ISBN978-4-335-55162-8